[Crônicas da Vida Boêmia)

[Crônicas da Vida Boêmia)

Aluízio Falcão

Ateliê Editorial

Copyright © 1998 Aluízio Falcão

ISBN 85-85851-66-X

Direitos reservados a
ATELIÊ EDITORIAL
Rua Manoel Pereira Leite, 15
06700-000 – Granja Viana – Cotia – São Paulo – Brasil
Telefax: (011) 7922-9666
1998

Foi feito depósito legal

Impresso no Brasil/Printed in Brazil

*Depois do terceiro uísque
Tristeza me esqueceu
Depois do terceiro uísque
O mundo é todo meu
Depois do terceiro uísque
Eu não sou mais eu
Pois aparece outro
Muito melhor do que eu.*

Do samba *Terceiro Uísque*,
de Arthur Andrade e Martinelli

Quase tudo que está escrito nestas páginas aconteceu na vida noturna ou foi contado, em forma de conversa, nos muitos bares que o autor freqüentou e vem freqüentando. Daí o título, Crônicas da Vida Boêmia, *deste pequeno livro sugerido pelo editor Plinio Martins e que reúne textos publicados em vários jornais.*

Sumário

Apresentação – Ricardo Galuppo 13
Um veterano 17
De conversa em conversa 20
Depois do terceiro uísque 23
Memória boêmia 27
Passa-se o ponto 31
Folclore dos literatos 34
Sozinho no bar 38
Quatro estórias boêmias 41
O homem que não gosta de jazz 44
Aristocratas do gosto 47
Um choque cultural 50
Meu encontro com Ingrid Bergman 53
Começar de novo 58
Alana Gandra 62
Ilusão perdida 65

Lembrança do bar do Alemão 68
Em busca do prato perdido 71
O jornal da esperança 74
Uma aventura no Massimo 77
A casa 81
A perda 84
Doação às avessas 87
Um bar chamado Jogral 90
Conversando no bar 93
Noite na livraria 95
A sociologia dos prédios 98
Aquelas coisas todas 101
As lágrimas inúteis 105
O homem do tempo 107
Gente que faz 110
Humor do *showbiz* 113
Feitio de oração 116
Workshop 119
Os loucos do Ibirapuera 122
O tempo e as palavras 125
Feira das vaidades 128
Patriotadas 131
Os jovens do passado 134
Pelo telefone 137
Excluídos do sucesso 140
Fascismo explícito 143
Vencemos? 146
Brasileiros deslumbrados 149
Jeito mineiro de ser 152
Resgate da cidadania 155
Cuidados com a gramática 158
A vingança 161

A morte do caixeiro viajante 164
Os intelectuais são feios 167
Os donos das palavras 170
Sonhadores & Tecnocratas 173
Variações sobre a TV 176
Animadores culturais 179
Érico Veríssimo 183
Patrões de esquerda 188
Cidades do interior 192
Mãe na zona 196
Nordestinos em São Paulo 200
Os garçons 203
No país dos Policarpos 208
Medíocres, graças a Deus 211
A última fogueira 214
Bruna 219
Quem me navega 222
Lembrança de Antônio Maria 225
Irremediável neon 228
Chico e Caetano 231
Viva Maysa 235

Apresentação

O texto desce macio como chope bem tirado. Igual ao melhor uísque, não deixa sombra de ressaca. E basta de metáforas. As *Crônicas da Vida Boêmia* reunidas neste livro foram escritas para quem gosta de trocar idéias em volta de uma mesa de bar. Aluízio Falcão, o autor, não faz vaticínios. Dá sua opinião como se esperasse a resposta do companheiro de copos. Capta com lucidez os detalhes desprezados pelos menos atentos e faz humor sem apelar para o recurso fácil da anedota. Ordena fatos aparentemente desconexos e transforma acontecimentos corriqueiros em histórias saborosas. É um contador de casos, da melhor qualidade.

Já havia lido algumas de suas crônicas. Elas foram publicadas, antes, em vários jornais. Também conheço muitas das situações que as inspiraram. Tive o prazer de ouvi-las contadas pelo próprio autor. Nas mesas que tenho o privilégio de compartilhar com Aluízio Falcão, alguém sempre pede a descrição do teste capaz de despertar, depois do terceiro uísque, o Roberto Carlos adormecido em todo intelectual brasileiro. Ou que fale da frustração do jornalista Garibaldi Otávio, grande criatura, ao encontrar a pessoa que andava atiçando suas idéias em torturadas noites de solidão. Ou, ainda, que conte dos 50 dólares doados ao empresário Olacyr de Moraes, num gesto bonito de caridade.

Algumas vezes, confesso, busquei o sucesso imerecido às custas do talento de meu amigo. Ousei, em outras mesas, reproduzir casos, imitar a cadência, usar o mesmo vocabulário. Desisti. As histórias de Aluízio Falcão, como já disseram os confrades Melchíades Cunha Jr. e Fernando Jaburu, perdem a graça quando narradas por qualquer outro. Por essa razão, considero da mais alta relevância o livro que a Ateliê Editorial tem a iniciativa de publicar. É uma oportunidade para que mais pessoas conheçam as histórias, da forma exata como devem ser contadas.

Aluízio Falcão, pernambucano de boa cepa, é o mais disciplinado dos boêmios, conforme a opinião abalizada do ilustre doutor Ruy Antônio Barata, nosso amigo e médico. No fundo, é um sentimental. Um dos instantes mais apreciáveis do livro é "Passa-se o Ponto", sobre bares que morrem. Ali, está escrito: "Para os boêmios não é importante fazer coisas, o importante é sonhá-las". Outro grande momento é "Quem me Navega", a respeito do Vou Vivendo, nosso lugar habitual de encontro. Nem todas as crônicas, escritas com a mesma elegância que faz dele o centro das atenções nas mesas, têm como cenário os bares que freqüenta com moderação ou deixou de freqüentar porque fecharam as portas.

Além da noite e dos tipos que a povoam, ele fala de pessoas que correm no Parque do Ibirapuera. Se irrita com a discriminação social nos elevadores dos condomínios. Medita sobre os jovens. Opina sobre políticos e jornalistas. Fala de música, uma de suas paixões, e de músicos. Quem quiser saber o que é uma homenagem na medida certa, vá direto às crônicas "Érico Veríssimo" e "Viva Maysa". Os traços que unem os textos e justificam a presença de cada um deles numa obra boêmia são a generosidade e a visão positiva da vida. Os pessimistas e os amargurados devem manter distância deste livro.

Não vou repetir aqui o elogio sobre a facilidade da leitura que muitas vezes encontro em apresentações como esta. *Crônicas da Vida Boêmia* podem, sim, ser lidas de um fôlego só. Eu mesmo as consumi, sem perceber a noite chegar, num único domingo. Meu conselho é: vá com calma. O efeito será melhor se os textos forem saboreados sem pressa. Ou, se me permitem uma última metáfora, sorvidos em goles lentos. Como se faz com os vinhos superiores.

RICARDO GALUPPO

Um Veterano

O boêmio veterano exerce de forma ilegal, porém generosa, a profissão de terapeuta. Jovens freqüentadores de bares, em transe de aflição amorosa, buscam o seu conselho e saem da mesa um pouco mais pacificados. Percebem, depois da conversa, que as suas mágoas não são definitivas, nem originais. "Tudo passa sobre a terra, menos a China", decreta ele, confortando a moça recém-desquitada, que se julgava infeliz para o resto da vida. Ela sorri. E um pássaro levanta vôo no seu pensamento.

Para o eleitor petista, derrotado nas urnas, suas palavras tem o mesmo tom: "Companheiro, siga trabucando sua guerra. Também já raivei muito contra os grandes, mas faltou-me vontade para transformar o sentimento em ação. Não nasci para político, eu gosto mesmo é de votar nos outros. Tudo na vida sempre depende dos quereres de cada um. Não quero que ninguém queira o que eu quero. Esse respeito pelo indivíduo afastou-me, ainda jovem, dos movimentos coletivistas e também dos defensores do capitalismo. Ambos ostentam solene desprezo pelo ser humano. Você faça o que quiser. Eu, diante de todos os militantes, grito minha divisa: não contem comigo".

Junta-se ao nosso grupo aquele amigo que é a alegria do bar, versão 98 de Oswald de Andrade. Dispara três *boutades* seguidas e ainda ri de si mesmo quando soam as palavras do guru: "Não aposte na memória esquecedeira dessa gente da noite. Ponha no papel as melhores teorias que andou inventando nos bares. Ou as repita, em várias rodas, até que se incorporem definitivamente à crônica boêmia, com os devidos créditos autorais. Assim, quando você ficar velho, não chamará de inúteis as suas madrugadas. Algo ficará. Um dia, meu caro, quando vier aquele grande silêncio, alguém vai citar de repente suas blagues e uma perfumada senhora pode achar tudo muito engraçado e dizer 'ah, que pena eu não ter conhecido esse homem tão engraçado'. Isso fará bem a você, lá no outro lado da vida".

Na tribo notívaga o boêmio veterano atua como um respeitável pajé. Orienta os guerreiros moços na batalha imemorial do homem contra o tédio e a rotina. Ele andou muitas léguas de mulher, conhece os atalhos para a gente chegar mais perto da felicidade. Faz parte de um clã que não se entrega. Aquele homem risonho, de cabelos brancos, empunhando seu copo de uísque, é um momento de rebeldia. Recusou-se a vestir o pijama dos acomodados. Muitos de sua idade, majores reformados do sentimento, estão bocejando em família, jogando cartas, cumprindo o melancólico ritual da paciência ou, o que é pior, do buraco. Ele não, ele resiste. Vigia em seu posto, naquela mesa, provando que a vida está sempre amanhecendo.

De conversa
em conversa

Gustavo Corção, dizia, provavelmente em causa própria, que o escrever bem perdoa até o pensar mal. O mesmo talvez se possa dizer da palavra falada e da palavra escrita. Muitas pessoas falam admiravelmente e suas frases perdem o brilho, quando postas no papel, sem que isso anule o impacto da exposição verbal. Tenho uma certa inveja dos bons conversadores. Nunca mais vou esquecer a tirada de Laurie Anderson, a musa performática, sobre a melodia implícita nas conversas: "Quando você fala, você improvisa, como no jazz". Boas palavras. Toda conversa precisa de ritmo, variações de timbre, síncopes, climas sonoros.

Conversa não é roubo de tempo, não. Tenho lido e ouvido muitas palavras. Do que li, retirei poucas coisas para o meu precário sustento intelectual. Do que ouvi, em salas e bares, venho acumulando lições de maior valia. Aprendi que o desempenho das pessoas, durante uma conversa, tem muito a ver com o seu caráter. Há os monopolizadores: eles não sabem ouvir com prazer senão a si mesmos e, quando fazem pausas, apenas tomam fôlego para novos monólogos. Há os tímidos, que se refugiam no silêncio, mas basta acompanhar seus gestos e sorrisos sutis para perceber nítidos sinais de inteligência, de bonomia. Sinais mais luminosos do que os mil fogos de artifício dos boquirrotos. Há os que se apegam demais ao mesmo assunto, não variam jamais de repertório: são os políticos, inesgotavelmente políticos, até o bar fechar. Deus vos salve, leitores, desta insuportável confraria.

Dos discutidores, também vos guarde a Divina Providência. Os discutidores não gostam de conversar. Querem mesmo é provocar debates. Fiscalizam, discordam, farejam contradições no que você diz. Para que possam exibir, triunfantes, os seus dotes de polemistas. Eles me fazem lembrar uma conversa acontecida nos confins do Norte.

Eram dois cumpinchas velhos, que não se viam há muito tempo:

— Eh, compadre, há quanto tempo! Por onde vosmecê tem andado?

— Tenho andado por muito longe, compadre. Servindo na Marinha de Guerra.

– Ah, então vosmecê deve ter muita estória pra contar.
– Tenho, compadre, tenho muitas.
– Então me conte uma, compadre.
– Bem, a melhor aventura que tenho pra contar é de quando meu submarino bateu num rochedo e começou a afundar no mar infestado de tubarões. A tampa não se abria de jeito nenhum. Só tinha, na casca do submarino, uma rachadura, muito estreita, causada pelo choque no rochedo. Os marinheiros ficaram tudo apavorado, mas eu não tive poréns: tirei a roupa toda, lambuzei-me de brilhantina, enfiei o corpo naquela rachadura estreita, deslizei, caí no mar. Aí veio um tubarão pra cima de mim e eu também fui pra cima dele. Puxei da cinta minha peixeira de doze polegadas...

– Peraí, compadre, mas vosmecê não disse que tinha tirado a roupa toda? Como é que puxou a faca da cintura?

– Ah, compadre, vosmecê, não quer ouvir estória. Vosmecê quer é discutir.

Depois do terceiro uísque

Depois do terceiro uísque, qualquer paulista normal, com idade superior a trinta anos, passa a gostar das baladas de Roberto Carlos. A conclusão é também válida para acadêmicos da PUC / USP / UNICAMP, sociólogas descasadas, críticos pós-modernos, jornalistas em geral. Dá-se, nesse momento, que o precioso líquido escocês, queimando nas fornalhas do metabolismo, ilumina uma zona escura do cérebro, onde secretamente habita nossa porção latino-brega. Afloram, de repente, canções baratas e adormecidas no inconsciente sob o véu de escrúpulos estéticos. Depois do terceiro uísque, ninguém é de ferro. Até o governador Mário Covas seria capaz de cantar, em lágrimas, "Os botões da blusa".

Não me perguntem detalhes da metodologia que usei para chegar a tais revelações. Este não é um texto científico e sou pago para escrevinhar amenidades. Não tenho comigo as planilhas. Mas, se a tanto for obrigado, posso exibi-las diante de um tribunal técnico. O máximo que faço hoje é contar um, dentre centenas de testes realizados. Foi no Bucca Del Pazzo, faz tempo, em noite de garoa e boemia.

Usei como cobaias dois conhecidos jornalistas da praça, ambos poetas. Intelectuais, portanto, ou pelo menos assim identificados nos manifestos que assinam em campanhas eleitorais.

Iniciei o teste provocativamente, elogiando Roberto Carlos e cantarolando aquele clássico erótico-sentimental que diz: "Nos lençóis da cama/amantes se dão/travesseiros soltos/roupas pelo chão...", então nas paradas de sucesso do rádio popular. Como todos os indivíduos pesquisados, esses dois, ainda na primeira dose, protestaram com veemência. Roberto Carlos foi acusado de melodista repetitivo, rouxinol da Votorantim, porta-voz da classe média alienada, seresteiro de motel e outras jóias do nosso cancioneiro crítico. Um dos meus entrevistados usou, com certo espírito, a famosa frase de Tom Jobim: "Roberto Carlos é o melhor compositor de música ruim que existe".

Rimos. Bebemos. Mudamos de assunto. Aparentemente. Digo aparentemente porque, no meio da segunda dose, comecei a contar uma estória que me levaria, por vias transversas, ao objetivo central da pesquisa.

"Pablo Neruda foi um poeta superior", comentei distraidamente, obtendo a óbvia concordância dos dois. Prossegui: ainda ontem achei num sebo do centro da cidade um livrinho raro já editado em vários idiomas, escrito por Matilde, a primeira mulher do poeta. Era uma edição em italiano: *Ricordanza della mia gioventú*. Memórias de mocidade, quando ela conheceu Neruda em Paris, ambos estudantes bolsistas, recém-chegados do Chile.

Minhas duas cobaias arregalaram os bugalhos. Sorviam prazerosamente cada palavra do meu relato, junto com os restos da segunda dose. Aquilo sim era um bom assunto, disseram. Assunto de estilo, como convém a gente da nossa estampa. Continuei a estória.

Matilde e Neruda conheceram-se num bistrô do Quartier Latin. Tinham dezoito anos, eram belos, pobres e apaixonados. Naquela remota madrugada em Paris, diante de uma garrafa de Beujolais quase vazia, o jovem Neruda perguntou: "Vamos casar, Matilde?" Ela sorriu, alvoroçada: "Sim Pablo, vamos casar. Ainda hoje, ainda nesta noite. Façamos a festa". O poeta quis comemorar e contou os míseros francos disponíveis. Talvez dessem para mais uma garrafa de vinho, talvez não. Mesmo assim chamou o garçom, pediu ousadamente outra garrafa. E naquele momento escreveu no guardanapo de papel um verso que Matilde guardou por toda a vida. Um verso que o livrinho dela reproduzia em fac-símile, 52 anos depois, como documento daquele arrebatamento juvenil: "Matilde, nós somos a festa e a dose atrevida. a) Pablo".

Meus dois ouvintes, terminando a terceira e engatando a quarta dose, explodiram de entusiasmo. Puseram-se a elogiar os poemas de amor de Pablo Neruda, especialmente esse verso inédito que repetiam em portunhol: "Nosotros somos la fiesta ...".

Aí veio o anticlímax. Eu disse: "Pois bem, saibam que essa estória é inverídica. Acabo de inventá-la. Nunca houve esse pobre amor em Paris, não existe o tal livrinho de Matilde e o poeta Neruda jamais escreveu esse verso, que não passa de um trecho da música *O Gosto de Tudo*, de Roberto Carlos". E cantei a balada inteira.

Quase fui apedrejado com o gelo que restava no balde. E comprovei naquela noite quão relativo é o rigor estético da intelectuália, nesse terceiro mundo. Depois do terceiro uísque.

Memória boêmia

Estive no Recife e soube da morte do poeta Thomaz Seixas, um dos maiores boêmios que o país conheceu nas últimas décadas. Quero lamentar a perda e contar uma estória que sei deste nobre cavalheiro das madrugadas e de outros da mesma estirpe.

Thomaz Seixas freqüentava o bar Cabana, do Parque Treze de Maio. Dizia o poeta Carlos Pena Filho que naquele sítio de comícios e concentrações cívicas, os oradores recifenses "Iam uns aos outros contar/Como foi que conseguiram/A vida inteira passar/Nas trevas da ignorância/Sem nunca desconfiar". Eu era um rapaz, tolerado na mesa de gente madura, onde pontificava Thomaz. Todos já se foram, fiquei eu para contar lembranças.

No Cabana, certa noite, Thomaz começou a louvar as qualidades de uma senhora que conhecera no passeio da rua Nova e pela qual se apaixonara perdidamente. "É uma deusa", exclamava, acrescentando outros enfáticos louvores. Isso quase todas as noites. Tanto falou da "deusa" que uma tarde fui admirá-la. Thomaz havia dito que a encontrava diariamente no *footing* da rua Nova. Ali cheguei na boca da noite e logo vi o poeta em frente à loja Sloper, todo enfatiotado. "Esperando a deusa?", perguntei. "Não, ela está ali dentro da loja." Olhei e não avistei ninguém, além da balconista, que dava sua risada sem dentes, coitada. Eu disse: "Poeta, vejo apenas uma balconista, que por sinal é banguela". "Pois a deusa é a balconista mesmo", confirmou Thomaz. Quando ponderei que a pobre moça desdentada não era exatamente um tipo divino de beleza, ele me deu a lição: "Meu caro, você ainda é muito moço e precisa aprender que tudo na vida se divide em categorias. Eu insisto que ela é uma deusa. Na categoria balconista-banguela, não há melhor!"

* * *

O escritor Renato Carneiro Campos, um dos meus mortos mais queridos, saía dos bares de copo na mão. Pagava táxi e ia bater às portas dos amigos para continuar bebendo. Fez isso com Hermilo Borba Filho, que estava convalescendo de uma operação de safena. Renato tocou a campainha do amigo às quatro da madrugada. Ele acordou estremunhado, espiou pelo olho-mágico. Ali estava o importuno visitante, empunhando o copo. O coração de Hermilo Borba Filho era enorme, apesar de costurado: "Entra, Renato, senta aí". Renato pediu uma garrafa de uísque e um balde de gelo, foi servido. Ficou na sala, andando de um lado para o outro, fazendo perguntas: "Borba, você é meu amigo?" "Claro, Renato." "Borba, você é meu irmão?" "Claro, Renato." "Borba, eu estou vivendo um problema pessoal terrível." "Qual é o problema, Renato?" "Borba, não seja indiscreto!"...

* * *

Ruy Barata foi um grande poeta paraense que o Brasil perdeu em 1992. Deixou uma fortuna em poemas e canções, estas em parceria com o filho músico, Paulo André, e gravadas com grande sucesso por Fafá de Belém: *Foi Assim* e *Pauapixuma*, entre muitas. O poeta Ruy Barata deixou outro grande patrimônio moral que é o seu filho Ruy Antonio, médico em São Paulo e herdeiro dos traços mais fortes do pai: a fé política, o refinado gosto estético e a boemia. Outro médico e pessoa de minha estima, Carlos Henry, também paraense, contou-me uma estória do velho Ruy que merece destaque em qualquer antologia de cenas boêmias. Os dois, Carlos Henry e Barata, depois de longa noitada, adormeceram na mesa do bar que ficava ao ar livre, dentro de um parque da cidade. Aí pelas sete da matina, o sol acordou Henry, que ouviu do poeta: "Não quis incomodar você. Já fui acordado bem mais cedo por fulano de tal, que veio praticar o seu *cooper*. Ele despertou-me e veio puxar conversa com aquele insuportável bafo de café com leite...".

* * *

Outro boêmio que foi embora dos bares da vida, Adoniran Barbosa, marcou a memória boêmia de São Paulo com muitos lances de humor. Meu amigo Carlinhos Vergueiro, grande compositor e parceiro dele, contou-me que o veterano maquinista do trem das onze, então quase entrando na brumosa casa dos setenta, confessava-se temeroso de uma brochada por decurso de prazo. Carlinhos, seu companheiro de mesa, quis dar-lhe uma força: "Não esquenta não, Adoniran. O Vinícius de Moraes acha que, enquanto houver língua e dedo, mulher não mete medo". E Adoniran, no melhor sotaque do Bixiga: "Inton, Carlinho, cê fala prêle que in Sampaulo as muié num qué cuvér não. Elas gosta é de armoçá!..."

Passa-se o ponto

Três palavras escritas na porta do que foi um bar interessante em Vila Madalena: "Passa-se o ponto". Um endereço que no início de 1993 prometia mil e uma noites está indo agora para o brejo do passado. Olho a tabuleta com a frase final e vou embora. Há milhares de portas abertas na madrugada paulistana.

Aquele lugar deixou algumas lembranças. Farras intensas, freqüentadores que pareciam adivinhar o fechamento próximo, querendo viver ao máximo cada noitada. E cada noitada parecendo uma terça-feira de carnaval. Certa madrugada friorenta uma senhora me disse, entornando o terceiro conhaque: "Sou partidária de todos os excessos!" Depois vi, com estes olhos míopes, nosso querido Carlos Ekmam, o "Barão", tornar-se noivo de três mulheres ao mesmo tempo, em mesas quase parelhas. No dia seguinte, ressacado e constrangido, contou-me o "Barão" que não fora ele, mas um *cover*, o autor da façanha. As moças ficaram putíssimas. Ali, como no soneto, retumbaram hinos. O que não se sabia era que a brasa da falência queimava o porão. De repente, na tabuleta, o resumo brutal: "Passa-se o ponto".

Como os bares, alguns lares são assim. Casamentos vão mergulhando em pântanos de silêncio ou se amesquinhando em traições e fingimentos. Certos casais não têm a objetividade dos taberneiros e dos donos de padaria. Não passam o ponto. Morrem tesos, mantendo a pose. Mas deixemos os casais infelizes entregues aos seus descuidos.

Voltemos aos bares que fecharam. Revejo, numa velha caderneta, os telefones do Jogral, João Sebastião Bar, Carreta, muitos outros. O do Nick Bar não tenho. Infelizmente não foi do meu tempo. Certa vez imaginei um livro sobre a memória boêmia de São Paulo, contando a estória de vinte bares que passaram o ponto. Cada bar, um capítulo. Cada capítulo escrito por um jornalista. O publicitário Eduardo Fischer achou que a Brahma poderia editar o tal livro como brinde ou aproveitar a idéia para um vídeo. Andei participando de reuniões na agência dele. Sérgio Augusto ficou de bolar o roteiro do vídeo, eu de planejar o livro, mas todos esquecemos o assunto. Para os boêmios não é importante fazer coisas, o importante é sonhá-las.

Esse bar que fechou antes de tornar-se uma referência na vida noturna da cidade, já dispunha, mesmo assim, de clientela habitual, quase toda fraterna entre si, ou em começo de grande amizade. Agora, estilhaçada, a pequena família vai levar alguns meses, talvez anos, para reagrupar-se na imensa noite desta metrópole. Talvez jamais encontre os elos perdidos e cada qual será para o outro apenas uma lembrança boa. "Passa-se o ponto." Frase triste, quando se trata de um bar. Ficaria melhor à porta de certos palácios ou de certos lares.

Folclore dos literatos

Foi João Alexandre Barbosa, em roda de chope, quem me narrou o caso do literato que tinha a estranha mania de condensar poemas em pequenas frases. O sujeito defendia a esdrúxula tese de que era possível descobrir a intenção-chave do poeta e traduzi-la numa simples sentença. Vivia pelos cantos resumindo João Cabral, Drummond, Bandeira, e mesmo poetas estrangeiros. Até que um dia veio a esbarrar na finíssima ironia de Décio de Almeida Prado, que perguntou: "Fulano, você já pensou numa frase para resumir *Os Lusíadas*, de Camões?" O literato respondeu que ainda não chegara a tanto, mas poderia tentar. O professor Décio imediatamente sugeriu a frase: "O mundo gira e a Lusitânia roda...".

O folclore dos literatos bem que poderia ser registrado em livro de Ruy Castro, com o título *O Escritor de Bom Humor*. Ou de mau humor. O outro caso que vou contar é de um intelectual recifense, poeta, homem de sensibilidade, mas que se tornava extremamente mal humorado e agressivo quando bebia.

O forte desse personagem era discordar de tudo, mesmo que alguém repetisse alguma coisa que ele próprio tivesse afirmado minutos antes. O homem era o terror dos bares da cidade. Ninguém queria beber perto dele. Uma noite, massacrado por dificuldades financeiras, teve uma idéia luminosa: comercializar a própria chatice, torná-la rentável. Passou a "vender distância", como ele dizia. Chegava numa mesa e propunha, com a maior tranqüilidade: "Se me pagarem *um* uísque fico a cinco metros de vocês. Se me pagarem *dois* uísques fico a vinte metros". Assim bebeu, de graça, durante meses.

A sorte, porém, não contempla somente os suplentes de senadores. De repente o poeta recifense foi beneficiário de uma grande herança, ficou rico. Abandonou aqueles bares onde vendia distância. Passou a freqüentar os serões literários de Antiógenes Chaves, um milionário local dado ao mecenato e à convivência com intelectuais. No primeiro dia como herdeiro rico e bem de vida, o poeta comprou uma garrafa de uísque de primeiríssima, champanhe francês, caviar, o diabo. À noite foi com esse carregamento ao palacete de Antiógenes.

Ali encontrou o mecenas discorrendo sobre literatura, sob a aprovação unânime dos bajuladores. O poeta, brandindo um litro de Royal Salut, foi logo gritando a sua discordância: "A partir de hoje, meu caro Antiógenes, sua relação comigo é de potência para potência!"

* * *

Registro aqui um episódio com o paraibano Nicodemus Pessoa, boêmio e frasista, meu companheiro de inúmeras noitadas paulistanas. Sempre digo, para homenagear a sua nordestinidade: "Tenho dois heróis. O primeiro é Virgulino Ferreira Lampião, o segundo é você, Nicodemus". Ele aciona a sua metralhadora de frases. Uma delas foi disparada no Bar Avenida, a propósito de amigos nossos, de porre, que um garçom criticava. Disse o Pessoinha: "Meu caro, quem vende bebida não pode cobrar compostura". Vale por um tratado boêmio.

* * *

A ressaca é o preço da felicidade. Vale suportá-la no dia seguinte, depois de uma noite bem passada. Jorge Carneiro da Cunha fazia rir os intelectuais que, reunia em suas casa, com esta frase que ficou famosa: "Eu bebo para me sentir mal. Se eu quisesse me sentir bem tomaria Ovomaltine!"... O poeta Núncio Nastari, também advogado, contou-me que estava almoçando com a Zenaide, sua namorada, e curtindo uma ressaca brutal. Ela, que não bebera na véspera, muito animadinha, sugeriu uma breve caminhada digestiva: "Vamos dar uma volta no quarteirão?" E Núncio, com voz cava: "No seu carro ou no meu carro?"...

Sozinho no bar

Nove da noite no bar Bohemia. Movimentadíssimo na madrugada este bar, em horas cristãs, tinha um silêncio de mosteiro. Na mesa ao lado, um jovem casal ia tocando sua conversinha em voz baixa, mas eu podia ouvir claramente. Ele dizia que era da Mooca e nem precisava dizer, o sotaque revelava. A moça era do interior, informação também desnecessária, dado o *erre* esticado em certas sílabas, tão presente na fala caipira de São Paulo. Eu acompanhava a conversa discretamente, sem olhar, como quem ouve um programa de rádio. O rapaz se esforçava para impressionar, dizia que gostava de ler, desfiava títulos de *best-sellers*. A namorada, modesta, nem se lembrava do último livro que lera, comentava a novela das oito. Depois, graças a Deus, abandonaram os temas estéticos. Enveredaram pelos floridos caminhos da intimidade. Ela disse "eu te gosto" com voz trêmula, e senti uma vaga inveja por serem tão jovens e tão felizes. Onde estarão hoje, passados tantos anos? Fico a imaginar quantas pessoas já ocuparam aquelas mesas e se disseram juras e frases perdidas para sempre. Algumas até deveriam ter sido escritas, de tão bonitas que eram. Assim são os bares: museus de conversas que se foram, beijos que os fantasmas beberam pelo caminho, antigas ternuras desfeitas pelo tempo, esse grande filho da puta.

Naquela noite eu esperava retardatários. A presença do jovem casal no bar tornou menos desconfortável a falta de companhia. Ficar sozinho em botequim é a pior forma de solidão. Lembro um episódio que se atribui a Tom Jobim, não sei se real, mas típico do senso de humor do grande músico.

Contam que Jobim chegou ao bar favorito e ficou esperando sua turma: Vinícius, Chico Buarque & Cia. Passavam-se horas, não aparecia ninguém. Toda vez que a porta do bar se abria, o maestro olhava, curioso, e nada. Somente chegavam estranhos, como estranha era toda a freguesia em volta, incluindo moças desacompanhadas que o solitário compositor observava, já depois da terceira dose, com interesse cada vez maior. As moças, porém, continuavam o papo, indiferentes aos seus olhares.

Para tornar ainda mais triste a solidão de Tom Jobim, alguns casais nas mesas próximas caprichavam em cenas românticas. Tudo conspirava para que ele acelerasse o consumo de uísque. Sem ter com quem conversar nos bares as pessoas tendem a beber muito mais. O maestro não fugia a essa regra boêmia. Num dado instante, de copo vazio, espiava com inveja um casal se beijando, quando o garçom aproximou-se: "O senhor quer alguma coisa?" E Jobim, imperativo: "Garçom, beije-me".

Quatro estórias
boêmias

Na década de 50 havia um bar na cidade, o Clubinho, reduto da *intelligentsia* local. Tinha um freguês, poeta, que saía pontualmente às três da madrugada, no mais absoluto porre. Ele não guiava automóvel. Um táxi com motorista amigo, estacionado na porta, cumpria, durante anos a fio, a rotina imutável de levá-lo para casa naquele horário. Nem precisava dar o endereço ao chofer. Mas houve uma noite em que o taxista conhecido adoeceu e não foi ao ponto. Nessa noite o poeta, bêbado, saiu do Clubinho e entrou direto em outro táxi da mesma cor e que, coincidentemente, estava parado ali. Ele desabou no banco traseiro e aguardou a partida, sem dar o endereço, como sempre. O novo motorista, que não o conhecia, perguntou: "Pra onde vamos, doutor?" E o poeta, surpreso, olhando fixamente para ele, com voz cava e indignada: "Nunca saberás!"

* * *

Mário de Almeida publicou um livro sobre o bar Antonio's, que reúne ótimas estórias da boemia carioca e seus personagens mais interessantes. Conta, por exemplo, que Paulo Mendes Campos e Lúcio Rangel passaram a noite bebendo, amanheceram, chegaram firmes ao meio-dia seguinte. Paulo sugeriu: "Lúcio, vamos almoçar, que estamos bebendo há 24 horas". Lúcio topou, com uma ressalva: "Tudo bem, mas antes eu vou tomar outro uísque, porque não gosto de comer com o estômago vazio".

* * *

No mesmo livro há um capítulo inteiro dedicado ao saudoso boêmio Ronald Wallace de Chevalier, mais conhecido como Roniquito, sujeito boníssimo, que se divertia bancando o enfezado. Uma noite, entrando no bar de costume, Roniquito abordou o escritor Fernando Sabino e foi logo provocando: "Fernando Sabino, quem escreve melhor, você ou Nelson Rodrigues?" Sabino respondeu prontamente: "Nelson Rodrigues, claro!" Roniquito: "E quem é você para julgar Nelson Rodrigues?"

Diálogo de Roniquito com o ministro Nascimento e Silva, cujo nome coincide com o de uma rua famosa de Ipanema, onde morou Tom Jobim: "Ministro, como é mesmo o seu nome?" "Nascimento e Silva." "Esquina com quê?"

* * *

Uma reminiscência de outro grande boêmio, Tarso de Castro. Ele conta no seu livro *Pai Solteiro e Outras Histórias* que o g*entleman* Aloísio Salles, depois de uma jornada etílica, sem perder a linha, às quatro e tantas da manhã, no momento em que se baixavam as cortinas de lona da varanda do Antonio's, disse calmamente aos garçons: "Bem, senhores, já que içaram as velas, eu gostaria de saber para onde estamos partindo"...

O homem que não gosta de jazz

Em São Paulo a chamada classe média alta (por que alta se é média?) fez-se tão cosmopolita que nela se pode até descobrir o homem que sabe javanês. Difícil mesmo vinha sendo achar o homem que não gosta de jazz. Cumprindo a boa regra do jornalismo que manda noticiar o inusitado (gente mordendo cachorro e não o contrário), venho informar aos leitores que o tipo existe e, desculpem, sou eu.

Deveria figurar na Declaração dos Direitos Humanos um capítulo em defesa dos que não gostam de jazz. Tenho padecido, sabe Deus, grandes e atrozes humilhações. Negar o jazz, dizem-me os severos juízes da estética, é sintoma de burrice irreversível. Abominar o samba, tudo bem, até revela uma certa sofisticação. Mas o jazz deve ser preferência obrigatória para quem deseja conversar, de igual para igual, em roda alfabetizada.

Senhores jurados: em legítima defesa quero vos dizer que não sou xenófobo, nem minha implicância com o jazz tem a ver com ideologia. Trata-se principalmente de uma gritante limitação intelectual. E vou aqui declinar algumas razões complementares, mesmo sabendo que não atenuarão minha máxima culpa. O meu primeiro problema com o jazz é que ele não tem letra e eu sou um pobre imbecil que gosta de canções. A canção, como sabem, tem versos em todos os idiomas, quer se chame *chanson* ou *song* ou até mesmo *lied*. O meu segundo problema com o jazz é que ele se baseia na improvisação, desprezando praticamente as notações melódicas. Isso faz com que os músicos virem co-autores e muitas vezes inventem um fraseado interminável/insuportável aos meus tímpanos diariamente surrados pelo *heavy metal* do filho mais novo. Dia desses, em *jam session* de grã-finos a que fui levado por uma socióloga do Partido dos Trabalhadores, quase tive um derrame cerebral para entender o nexo das peças jazzísticas.

Sou um bugre. Se as senhoras Danuza Leão, Glória Kalil e Costanza Pascolatto fizessem a caridade infinita de me recuperarem para a vida civilizada talvez fosse esse um primeiro passo na direção do bom e velho jazz – como escrevem os colunistas que pensam em inglês. Mas, dado que não conheço as distintas damas para lhes rogar o favor, quedo-me no limbo dos seres inferiores que sequer distinguem o *ragtime* do *blues*.

Tribunais indulgentes têm concedido a desculpa da ignorância aos que apenas desgostam do jazz. São inimputáveis, como os loucos. O meu caso, porém, é mais sério. Além de não gostar de jazz, não gosto de praia. Nem de fazenda, chácaras, recolhimentos bucólicos. Defendo, mesmo sem praticar, o tabagismo. Torço pelo Corinthians. E vez por outra me pego assobiando boleros e baladas. *Sorry*, jazzmania.

Aristocratas
do gosto

É bom desconfiar das maiorias. Elas podem equivaler às unanimidades burras que Nelson Rodrigues tanto fustigava. Opiniões dominantes não são necessariamente as melhores. Veja-se o alto ibope da pena de morte, *best-sellers* de Paulo Coelho, duplas sertanejas, monzas pretos. Dou exemplos de opções reinantes nos setores intelectualmente jecas da sociedade. Porém, ah porém, há um caso diferente: devemos também desconfiar de certos mitos consagrados nos domínios da chamada *intelligentsia*. Nem tanto pelos mitos, às vezes criaturas estimáveis, mas pelos seus adoradores. Lá vou eu contra a corrente, que Deus me ajude.

Tomemos um desses ídolos, Jô Soares, o *darling* intocável dos pafúncios e marocas da classe média bem pensante. Bom comediante, recheia seu *talk show* na TV com algumas tiradas de humor. Mas, decididamente, não é aquele supremo entrevistador endeusado pela tietagem elegante na mídia de variedades e na conversação dos bares da moda. Prefiro, se me permitem, Marília Gabriela.

Há outros casos piores de superestimação. O assaz louvado âncora Boris Casoy com seus biquinhos de beiço e sua auto-suficiência, pontificando sobre todas as coisas. A meritíssima Denise Frossard que, diante das câmeras de TV, prendeu uns concorrentes do Papa Tudo e, não satisfeita com os quinze segundos de fama, entrou em apoteose mental somente comparável a do presidente Fernando Henrique Cardoso, outro ídolo que a todo instante parece querer arrebatar de Daniela Mercury e daquela cerveja do Nizan Guanaes o troféu de "paixão nacional".

As pessoas estão cada vez mais parecidas umas com as outras, principalmente em suas admirações. Tempos atrás eu freqüentava, em Pinheiros, um bar de jornalistas. Ali o meu grupo tentava, sem êxito, contestar a ditadura destes aristocratas do gosto. Arre, que era talento demais! Uma noite, na mesa oito, recomendaram-me, em uníssono e com toda seriedade, um "espetáculo interativo". Sabeis o que é era, leitores? Era uma performance com Décio Pignatari, o qual declamava poemas concretos e trechos de um romance de sua lavra chamado *Panteros*. Ninguém na roda assistira, mas todos tinham lido resenhas favoráveis e as resenhas não mentem jamais. Fomos, Pedro Del Picchia e eu, bombardeados com outras pérolas de refinamento: vocalises guturais do cantor João Bosco, insuportáveis obras-primas de José Saramago, e um largo etcétera onde cabem todos os ensaios enigmáticos publicados nos suplementos de cultura pelos filósofos da Unicamp. Pedro, o polemista, resistiu. Eu, vencido, afundei em silêncio. Desde a última campanha presidencial, quando a maioria venceu, deixei de discutir em bares.

Um choque cultural

A revista *Nova Escola* publica reportagem sobre crianças que foram criadas naqueles acampamentos dos Sem-Terra e agora freqüentam modelar colégio do Incra, no município de Cantagalo, Paraná. A foto de abertura, em página dupla, mostra uma camponesinha dos seus oito anos, com vários colegas, marchando na estrada rumo à escola. Acho curioso que use uma blusa com a inscrição "Duty Free Shopping", como qualquer criança de cidade grande. Isso me faz lembrar outros casos de descaracterização do Brasil rural que eram impensáveis três décadas atrás.

A primeira cena dessa transformação presenciei no sertão pernambucano, em plena "civilização do couro", como dizem os sociólogos. Vi, perplexo, um vaqueiro da região todo vestido de ...plástico! Chapéu, gibão, peitoral, tudo em plástico e, ainda por cima, colorido. Um vaqueiro que, digamos, parecia a representação de um vaqueiro em filme norueguês.

Com o tempo fui me habituando a esses choques culturais. Índios cantando *rock*, paulistas de bermuda, carioca usando terno, nordestino comendo pizza – tudo isso compreendo, apenas me deixa meio confuso. Quase digo, como o poeta, que nada do que é humano me escandaliza. Afinal, eu vivo na cidade mais surpreendente do Brasil, onde tudo pode acontecer.

Não foi esse o caso do compositor Carlos Fernando, autor daquele frevo *Banho de Cheiro*, sucesso de Elba Ramalho. Ele é um apaixonado pela cultura popular e esteve em São Paulo, alguns anos atrás, trazendo a Banda de Pífanos de Caruaru, sua terra, para uma apresentação na TV. Alojou os caboclos num hotel do centro da cidade e foi à TV Cultura tratar do *show*. Os músicos ficaram de tomar banho e trocar de roupa. Seu protetor foi categórico: nada de trajes típicos, chapéu de couro, essas coisas que chamam atenção de turista. "Quero vocês bem naturais na TV, do mesmo jeito que se apresentam na feira de Caruaru." E desfiou uma longa cantilena ideológica, exaltando os valores telúricos, exigindo uma postura culturalmente correta daqueles rapazes que chegavam a São Paulo sonhando com as vantagens tão decantadas por outros caruaruenses que, antes deles, vieram trabalhar aqui na construção civil.

Os conterrâneos de Carlos Fernando ficaram mudos. Na volta, ele saberia toda a razão daquele silêncio crítico. Sebastião Biano, o mestre da Banda, envergava uma colorida camiseta com a inscrição "Columbia University". E os outros, que também compraram na mesma loja, vestiam regatas vermelhas com a palavra "Shazam!" explodindo no peito sertanejo. O capitão Marvel, sem disparar um só tiro, conseguira a sua maior proeza: derrotar o capitão Virgulino Lampião.

Meu encontro com
Ingrid Bergman

Todo repórter com vinte anos de idade tem fantasias profissionais. O autor deste relato não foi diferente. Sonhou entrar em Havana junto com Fidel e Che Guevara, cobrindo para o *Diário de Pernambuco* a derrota final de Fulgêncio Batista. Assistiu ao filme *Suplício de uma Saudade*, imaginando que um dia seria como William Holden, correspondente de guerra, e teria uma namorada parecida com Jennifer Jones. Também já tive meus vinte, até mesmo dezoito anos, embora pareça incrível.

Um dia pintou a chance de realizar outro sonho, ainda mais colorido: entrevistar Ingrid Bergman. Foi anunciado que ela viria participar de um Festival Internacional de Cinema no Rio de Janeiro e que seu avião teria escala no Recife. Estava no programa um primeiro contato com a imprensa brasileira. Fui escolhido para cobrir o acontecimento. Iniciei meus preparativos.

A primeira providência foi elaborar um questionário, traduzi-lo para o idioma de Hollywood, decorar todas as perguntas, afiar desesperadamente o precaríssimo inglês. Um curso intensivo de quinze dias – esse era o prazo para a grande aventura que o destino me reservara. O secretário do jornal avisou: a conversa da estrela comigo duraria, no máximo, dez minutos. Seria no salão do aeroporto, enquanto o avião reabastecesse.

Meu plano: as respostas dela seriam registradas num gravador portátil. Portátil é um modo de dizer porque, naquele tempo, não havia transístor. O gravador de que dispunha, emprestado, era um trambolho com cinco quilos. Eu teria de ligar metros de fios numa tomada, empunhar um microfone e, confiar na providência divina para que tudo funcionasse.

Fui ao aeroporto, fiz um reconhecimento de terreno, localizei a tomada, ensaiei mentalmente as cenas. Sim, aquilo seria um filme bem mais emocionante que *Casablanca*. As respostas de Ingrid, registradas no gravador, seriam depois traduzidas por uma professorinha de inglês, minha amiga.

Dias e noites rolaram. Meu coração juvenil tremia mais que as maracas, batia mais que um bongô. Passou-me pela cabeça comprar uma capa igual aquela do Humphrey Bogart para impressionar a entrevistada.

Mulher sensível, ela pensaria: "Esse rapaz até que me lembra o Boggie...". Mas desisti da capa. O verão no Recife tornaria ridícula a indumentária e eu não dispunha de grana para adquiri-la. Também cogitei de um chapéu estilo Bogart e mudei de idéia. Eu tinha, na época, uma cabeleira à James Dean e, que diabo, precisava exibi-la.

Na véspera da entrevista, fixaram a pauta no quadro de avisos da redação: "16h00 – aeroporto – Ingrid Bergman/Aluízio Falcão". Vi aquele aviso como se fosse um cartaz em acrílico, na fachada do Cinema São Luís. Passava e repassava mentalmente as perguntas do questionário. Telefonava toda noite pra minha amiga, treinando a pronúncia. Eu não compreendia muito bem suas respostas, mas ela até que elogiava meu desempenho. O inglês, como se sabe, é a língua mais fácil de falar e mais difícil de entender que existe.

Finalmente raiou o dia da entrevista. Acordei cedo, telefonei para a companhia de aviação. Vôo número tal, procedente dos Estados Unidos, confirmado. Horário, idem. Decidi que estaria no aeroporto com duas horas de antecedência, para relaxar. Saímos – o fotógrafo e eu – no jipe do jornal. Naquele tempo, não sei por que, os repórteres andavam de jipe. Fomos assobiando *As Time Goes By* pelo caminho.

No aeroporto, ajustei o *plug* na tomada, estendi o fio até o portão de desembarque, testei o gravador. Comecei a fumar nervosamente, repetindo baixinho as cinco perguntas. Estavam na ponta da língua, em fluentíssimo inglês. Uma hora depois começaram a chegar repórteres de outros jornais e emissoras, meio perdidos, procurando intérpretes. Não havia intérprete. Eu, na moita, guardando meu trunfo.

Dois críticos de cinema, senhores de uns 35 anos, circulavam enfatuados, olhando com desdém para nós, nervosos e imaturos pescadores de notícias. Os ponteiros do relógio do aeroporto, como naquele filme *Matar ou Morrer*, caminhavam inexoravelmente para as quatro da tarde.

O avião pousou. Depois de alguns minutos de ansiedade, os artistas começaram a descer a escada. Avistei Ingrid, radiosa, cintilante, caminhando na pista.

Ela já estava bem próxima do portão. Cabelos castanhos e curtos, reluzindo sob o sol do Recife, o *tailleur* bege, olhos claros, sorriso enigmático. Avancei na frente de todos, microfones em riste. E disparei meu pobre e corajoso inglês, antes que algum aventureiro pudesse abordá-la:

– Good afternoon, miss Bergman.

Ela me olhou, espantada:

– Well, I thing something's wrong right here ...

Engrenei, rápido, a segunda pergunta. A atriz sorriu, perplexa. Aí um crítico de cinema veio em meu socorro e disse, em grosso português de nordestino:

– Ingrid Bergman não veio. Essa mulher é uma piranha qualquer, atriz de quinta classe, que eles mandaram para fazer número. Não chegou ninguém importante para esse festival de merda!...

De repente, percebi que a mulher bonita e confusa diante de mim não tinha qualquer semelhança com Ingrid Bergman. O aturdimento e a pressa criaram essa miragem. Meu mundo caiu. Fui enrolando fios, guardando o microfone e o gravador inútil. Fui recolhendo aquela tralha pelo chão, como um garoto infeliz, catando os cacos do seu brinquedo quebrado. Ingrid não veio naquela tarde, não veio nunca mais.

Começar de novo

Li na seção "Negócios & Oportunidades" do *Estadão* que um certo senhor Eduardo quer vender suas panificadora, em Vila Guarani, por duzentos mil reais. Ele declara que pretende desfazer-se da padaria "por não ser do ramo" e suspira, melancolicamente, no reduzido espaço do seu anúncio classificado: "Casa muito mal trabalhada". Eu, que também não tenho familiaridade com massas & fermentos, mesmo assim toparia o negócio. E, querendo Deus, acharia um jeito de "trabalhar a casa". Começar de novo, como pregava a saudosa Malu Mulher.

Sempre tive o *impossible dream* de ser comerciante no subúrbio. Estou bem acompanhado nessa fantasia. Eça de Queiroz, em carta para o Conde de Arnoso, queixando-se das amarguras do ofício de escrever, deixou este desabafo: "Luta vã, quando empreendida com uma pena na mão, em língua portuguesa. Todo meu erro foi, quando era moço e forte, não estabelecer uma mercearia, para o que aliás tenho jeito e gosto. Estava agora gordo e sossegado como o toucinho que cobriria meu balcão, e quando tu por lá aparecesses eu diria com delicada superioridade: 'Oh, sr. Conde, temos agora aí um queijinho que é de arrebitar a orelha! E seria o céu aberto. Mas enfim agora é tarde para chorarmos sobre carreiras erradas'".

Pelo menos 50% das pessoas públicas estão insatisfeitas com a mesmice de suas profissões e diversificando seus trampos. Tem economista como ministro da Saúde, empresário no Partido dos Trabalhadores, manequim gravando disco, enfim, uma zorra geral.

Também quero mudar de vida, achar novas opções profissionais. Se eu comprasse a panificadora do sr. Eduardo, em Vila Guarani, talvez fosse mais feliz. Largaria esses hábitos boêmios que entristecem a família, dormiria a horas cristãs, acordaria com os galos. Faria barba cedinho, rádio ligado em música brega ou sertaneja, pelas quais, confesso, sempre tive uma secreta inclinação. O meio faz a estética. Um dono de padaria, homem prático e linear, não pode perder tempo com as metáforas de Caetano Veloso e Chico Buarque, nem perder-se nos labirintos harmônicos de John Cage ou George Green. Em futebol, passaria a torcer pela briosa Portuguesa de Desportos, largando essa pesada cruz corintiana que me dilacera os ombros e o coração.

Senhor Eduardo: o seu anúncio não informa o telefone e diz para tratar diretamente na Avenida Diederichsen, 1566, atrás do metrô Conceição. Não tenho a mínima idéia de como chegar a essas lonjuras. Sei de poucos caminhos nesta grande cidade: roteiros de bares e restaurantes, cinemas, teatros, livrarias, uns dez endereços residenciais, no máximo, todos em bairros próximos, asfaltados. O senhor bem que poderia passar aqui no jornal pra levar um lero. Permuto de bom grado meu emprego de ganhos fixos pela sua panificadora "mal trabalhada". A julgar pela concisão e elegância do texto do anúncio, o senhor leva jeito para escrever. Sempre é hora de mudar o destino, meu caro senhor. Vamos conversar? Troco meu trabalho pelo seu e ambos poderemos sair ganhando. Assim são feitos os bons negócios.

Não sei exatamente onde fica a Vila Guarani, tenho as mesmas limitações em geografia do presidente Fernando Henrique Cardoso. Mas, por isso mesmo, o novo habitat serviria para reeducar-me em matéria de costumes. Seria como, de repente, viajar sem passaporte para outro país. Viver na periferia, dizem os meus amigos do PC do B, é como habitar uma região antípoda. Mesmo assim eu tentaria, com muito gosto e curiosidade, aprender o dialeto e os exotismos. Quem sabe arranjaria uma noiva sem metafísica, ignorantinha e despolitizada, com o charme suburbano daquelas moças que participam do "Em nome do amor", aos domingos, no instrutivo programa Silvio Santos?

A precariedade material que dizem existir na periferia e teria levado dez mil famílias a invadirem glebas ociosas, não me atingiria. Com um movimento mensal de quarenta mil reais em minha caixa registradora (conforme acena o sr. Eduardo em seu anúncio) eu até consideraria tais invasões como assaltos intoleráveis à propriedade privada. Esse nó que me dói no peito, desde jovem, diante dos fracos e oprimidos, enfim desapareceria. Sim, eu seria talvez menos aflito por dentro e poderia seguir o conselho de alguns leitores: deixar de fumar e de beber.

Alana Gandra

Ao contrário de você, leitor, e de todas as pessoas que conheço, eu gosto muito de ouvir o programa *A Voz do Brasil*. Ouço no rádio do carro, de segunda a sexta, enfrentando o *rush* da Marginal Pinheiros. Emociona-me um aviso do governo central às prefeituras de remotos lugares da pátria minha sobre o envio de verbas assistenciais: "Atenção município de Lagoa Dourada, Minas Gerais...". Pergunto-me como será essa distante Lagoa Dourada. Terá pracinha, coreto, igreja de uma torre, a pequena estação de trem? Haverá *footing* de jovens na minúscula rua principal, como antigamente, muito antigamente? Ou todos estarão paralisados, em frente aos televisores, aprendendo o idioma cariquês da Rede Globo?

A Voz do Brasil aciona correspondentes em todas as capitais brasileiras. A repórter do Rio tem um nome que sugere mistérios insondáveis: Alana Gandra!... Ouço com atenção a sua voz quente, vagamente convidativa, informando sobre o cotidiano guanabarino e fechando sempre a notícia com a frase "Do Rio de Janeiro, Alana Gandra". Como será esta moça de nome tão parecido com um pseudônimo de dançarina oriental? Penso em escrever-lhe uma carta insinuante, pedindo que se identifique melhor na *Voz do Brasil* e não seja tão avara informando apenas onde se encontra e como se chama. Que diga, mesmo correndo o risco de ser sumariamente demitida por um insensível burocrata da Radiobrás: "Prezados ouvintes, sonhem comigo esta noite. Neste exato momento estou vestida assim assim e o meu tipo físico é o seguinte etc." Isso provocaria um revolução no rádio brasileiro. Ela poderia fazer escola e aqui em São Paulo desvendaríamos o mistério de outras moças do rádio: Gioconda Bordon, Roseli Tardelli, Ana Maria Penteado...

Fosse um cineasta e engendraria um roteiro de filme como esse título singular: *Alana Gandra*. Um filme contando a emocionante aventura de um ouvinte de rádio que percorre mil labirintos em busca de uma certa locutora de voz bonita. Se compositor, poria letra, com o mesmo título, numa estranha melodia de Caetano Veloso. Se, em outra hipótese, eu fosse Chiquinho Scarpa, enviaria tulipas e um convite para ela vir a São

Paulo de jatinho e depois jantaríamos à luz de velas nos jardins da vida. Se eu fosse rico, cineasta, músico... Não sou infelizmente nada disso, mas apenas um senhor de certa idade, ouvinte fiel da *Voz do Brasil* no anoitecer paulistano. Ainda meio sonhador, porém, e se recusando a pôr uma pedra no peito ou mudar de calçada quando aparece uma flor. Alana Gandra: esteja onde estiver, receba esse torpedo. E depois, como os olhos semicerrados, tomando o seu licor de absinto, pense em mim, com simpatia...

Ilusão perdida

Andei escrevendo sobre o estranho nome de uma locutora de rádio e fazendo gracejos com a hipótese de conhecê-la para decifrar os seus mistérios. Garibaldi Otávio, que é poeta, leu a crônica e me relatou o triste desfecho de uma fantasia que teve, anos atrás, em suas vigílias de descasado. "Foi uma terrível frustração", dramatizou Gari, assim chamado entre os amigos. E passou a contar os lances do infausto sucedido.

Disse-me que, saindo tarde do jornal, sem ânimo para esticadas boêmias, costumava recolher-se ao seu apartamento em Interlagos. Para chamar o sono, ficava corujando TV. Assistia ao *Jornal da Globo* inteirinho, vejam os senhores que suplício. Naquele tempo ainda não havia para nós Lilian Witte Fibe e sim uma dupla de apresentadores. No fim da edição corriam na telinha os letreiros identificando a equipe de redação. Abrindo a listagem, um nome estrangeiro que de imediato acendeu a imaginação do poeta: Pola Galé! Garibaldi começou a fantasiar. Que tipo de mulher seria esta Pola Galé, talvez assim chamada em homenagem a Pola Negri, a estrela do cinema mudo? Alta, pele de pêssego, esguia, olhos ciganos? Uma condessa exilada nos trópicos? Depois de outras cogitações intensas e impublicáveis, foi para a máquina de escrever e teclou o título do poema que comporia no dia seguinte: Pola Galé.

Veio o dia seguinte, vieram outros dias, e o poeta sem tempo de iniciar a louvação da musa desconhecida. Aliás, mesmo que fosse tão desocupado quanto o príncipe Charles, tão cedo escreveria o poema. Gari é um perfeccionista, da mesma linhagem do seu conterrâneo João Cabral de Melo. Trabalha incansavelmente com as palavras até achar a justa medida para cada verso. Lembro-me que no suicídio de Hemingway, enquanto abundavam chorosas elegias nos suplementos, o seu verso enxuto crescia, entre todos, pela beleza da concisão: *"Que fera de ti mesmo mataste?"*... De modo, senhores, que talvez muitas luas ainda tivessem de passar no céu de Interlagos até que Pola Galé ganhasse o seu poema.

Bem, o tempo foi andando e certa noite, em animado coquetel de coleguinhas, Garibaldi ouviu gritarem perto dele o nome fatal: "Alô Pola Galé!" Voltou-se imediatamente para o círculo de onde viera a saudação. Ali estavam as belas Mônica Soutello, Lúcia Helena Gazzola, Rosângela Petta, Lu Fernandes, e alguns cavalheiros. Nenhuma outra mulher. Abraçado com Lu, seu maridão, também competente jornalista, que se chama... Pola Galé! Parece que *Pola* no idioma dos antepassados dele, tanto é nome de homem como de mulher. Do mesmo jeito que *Íris Resende* em português. Apresentado ao Galé, nosso poeta Garibaldi Otávio deu uma sonora gargalhada. Chorando por dentro a ilusão perdida.

Lembrança do bar do Alemão

De vez em quando trago aos leitores episódios da vida boêmia. Alguns eu próprio testemunhei, outros me contaram, todos fazem parte da historiografia dos bares, muito mais interessante, suponho, do que a das leiterias e casas de chá. "Jamais conheci alguém que tenha feito grandes amizades numa leiteria" – disse Vinícius de Morais.

Recordo hoje o Bar do Alemão, lá na Água Branca, uma grata lembrança para muitos homens e mulheres de toda uma geração boêmia.

Esse bar pertencia a Dagoberto, o saudoso Dagô. Ele já foi embora pra Passárgada. O boteco ainda existe, mas com outro estilo. Dagô fumava cinco maços de cigarros por dia. Respondendo enquete de jornal sobre o tabagismo, declarou com toda simplicidade, para espanto de uma repórter vegetariana: "Não fumo mais do que isso porque não tenho tempo...". Poderia ter dito a frase de Mário Quintana: "Fumar é uma forma discreta de suspirar".

Em torno da mesa redonda, número oito da comanda, reuniam-se no Alemão os músicos e os cantores para canjas habituais. Tina, doce criatura, comparecia todas as noites, somente pelo prazer de cantar. Chegou a ensaiar uma carreira profissional em boates e estúdios de *jingle*. Mas depois casou, foi feliz para sempre, sumiu da noite. Ela queria mesmo era ser mãe e dona de casa. Todo começo de noite chegava com suas agulhas e novelos de lã, ficava tricotando a madrugada inteira. Cantava e conversava, mas não largava o crochê. A cena, pelo inusitado, ficou-me na memória. Jamais, em toda a minha carreira boêmia, vi qualquer bar com uma freguesa sentada e fazendo tricô. Isso é comum em certas repartições públicas, mas em bar nunca vi...

O pessoal que era diarista no boteco do Dagô (Luis Nassif, Serginho Leite, Zé Nogueira, Borges, Gudin, Vicente Barreto, Pelão e muitos outros) deve ter muitas estórias pra contar. Quero lembrar somente uma, para fechar estas notas.

Pelão, que é produtor de discos, tinha o hábito de levar para o Alemão os compositores Nelson Cavaquinho, Cartola, Nelson Sargento, Paulinho da Viola e outros príncipes de sua estimação, como o grande Sinval

Silva (autor de *Adeus Batucada*, gravado por Carmem Miranda e Elis Regina). Acontece que o Alemão só dispunha de um garçom, também chamado Sinval, a quem todos tratavam pelo nome, com grande intimidade. Quando Pelão entrou no bar junto com o compositor Sinval Silva, todo mundo estava chamando o garçom: "Sinval, Sinval, Sinval!!!" O veterano autor de sambas, pensando que era com ele, acenava para todos os lados e comentava: "Veja, Pelão, é por isso que eu gosto de São Paulo. Aqui me reconhecem. No Rio, minha terra, todos já me esqueceram..." Essa estória é meio triste, mas tem sua graça. Como a boemia, como a vida...

Em busca do
prato perdido

Nelson Rodrigues escreveu muitas vezes sobre o que chamava de "fome da infância". Lembro-me de uma crônica em que ele contava sua indecisão no restaurante, olhando sem apetite para o cardápio. "O homem só gosta do que comeu na infância", decretou. Verdade lapidar.

Um domingo desses reuniram-se vários pernambucanos, para dar conta de um cozido preparado pelo nosso amigo Peninha. Exímio diretor de arte, ele é também um perfeito cozinheiro. Mas, naquele almoço, cometeu gafe imperdoável. Preparou um cozido à moda paulista... para pernambucanos! Isso desesperou os comensais. A pintora Celina Limaverde Jungman, com o seu imutável sotaque recifense, gemia diante do estranho cozido: "Meu Deus, o que será da minha vida sem maxixe e sem quiabo?"...

Realmente, leitores, nada é mais estranho do que um prato desfigurado. Certa vez, numa cantina do Bixiga, italianíssima, vi um caminhoneiro pedir lasanha e recomendar ao garçom: "Com dois ovos fritos por cima!" Ele tentava naturalmente conciliar o cardápio italiano com a sua nostalgia caipira. O coronel baiano João Amado, pai do escritor Jorge, para desespero da nora Zélia, comia macarronada com farinha de mandioca e rodelas de banana. A vida é esta...

Eu próprio, em noitadas boêmias, desmoralizei muitos cardápios. Conto aqui um episódio. Depois daquele *show* com Tom Jobim/Vinícius/Toquinho e Miúcha, no Canecão, fui com os artistas jantar em restaurante do Leblon. O menu era sofisticadíssimo. Todos fizeram seus pedidos. Tom Jobim pediu um faisão cheio de penduricalhos. Chamei o *maître* e perguntei discretamente se podia "inventar" meu prato. Para minha surpresa, o homem concordou. Encomendei um filé simples, com espaguete na manteiga. Era uma forma de fugir ao menu complicado e recordar um pratinho que serviam lá em casa, sempre aos domingos. O meu pedido ficou pronto em dez minutos e o garçom, acho que para me expor ao ridículo, trouxe-o antes dos outros. Tom Jobim ficou olhando com um certo espanto, mas polidamente não fez qualquer comentário. Dali a pouco, ao chegar o seu faisão, mexeu nele superficialmente com o garfo e chamou o *maître*. "Este faisão não está legal. Leve de volta". "Mas, seu Tom, está do mesmo jeito que servi na semana passada!" "Não está, não, hoje passou do ponto!" O *maître*, desalentado, recolheu o faisão. E quando apresentou o cardápio para nova escolha, o maestro, apontando meu prato, ordenou: "Não precisa, você me traga, por favor, esse espaguetinho e esse bifinho!...

A vida é esta. Todos nós, de restaurante em restaurante, pelo mundo afora, andamos em busca do prato perdido, aquele que comemos na infância remota. Qual o creme de aspargos que pode substituir a sopa inesquecível? Aquela de letrinhas, na grande mesa familiar? Em verdade vos digo, leitores, não há prato melhor que o prato de mãe.

O jornal
da esperança

Se o poderoso ministro José Serra fosse demitido amanhã, isso não causaria nenhum impacto lá em casa. Mas, quando o marido de Cida perdeu o emprego, foi uma comoção geral. Cida é a nossa fiel diarista de muitos anos, quase uma pessoa da família. O súbito desemprego do seu companheiro passou a ser assunto invariável no café, almoço e jantar. "Ele conseguiu alguma coisa?" – perguntávamos todos a Nina, minha mulher, que acompanhava de perto a situação. Durante meses a resposta foi negativa, até que numa bela manhã Cida anunciou alegremente que o homem estava de volta à chamada população economicamente ativa. Festejamos como se fosse um gol do Corinthians: beijos, abraços, pique-piques.

Perguntei a Cida como o rapaz descolou trabalho nessa maré brava de economia e ela resumiu tudo: "no Jornal do bico". A princípio não entendi, mas a moça explicou: esse jornal é uma publicação especializada em anunciar modestas ocupações ou "bicos", como se diz. O nome do cabeçalho é "Guia de Empregos", mas o povão chama de *Jornal do Bico* ou *Amarelinho*, porque é impresso em papel dessa cor. Não tem editoriais, fotos ou reportagens. Só anúncios, todos recheados de esperanças para os seus ávidos leitores. O jornal perfeito: nenhuma notícia ruim.

O tablóide, que leva tanta alegria aos lares humildes, causou-me um certo desalento. Fez-me ver a extensão da minha ignorância. A maioria dos anúncios pedia atributos que não tenho e jamais terei em meu pobre *curriculum*: longa prática em usinagem, conhecimento razoável de válvulas compressoras ou circuitos elétricos, experiência mínima de um ano em separação de parafusos. Nem isso, pensei humilhado, nem isso. Os classificados da primeira página me desclassificavam à primeira leitura. Tentei o miolo e havia dezenas de vagas para preenchimento imediato e cujas precondições também me eliminavam: operador de interfonia, 1/2 oficial pintor, prensista, soldador, e mais não digo porque me basta o encabulamento destas poucas inabilidades.

O *Jornal do Bico* é um retrato do mundo operário que todos deveríamos olhar com muito respeito, para melhor compreender a vida um pouco além dos nossos escritórios. O povo lá fora sabe fazer coisas que estão acima da nossa vã filosofia. Sabe consertar virabrequim, por exemplo, e isso é uma sabedoria que invejo desesperadamente nos mecânicos de automóvel – estes verdadeiros sábios contemporâneos. Para mim o jornal amarelinho foi uma decepção. Para outros, como o marido da Cida, será sempre uma hipótese de alegria. A vida é esta.

Uma aventura no Massimo

A ida de um homem comum ao restaurante dos colunáveis em São Paulo pode ser um programa entediante ou uma aventura cheia de emoção e suspense. Depende muito das circunstâncias e da atitude mental do referido homem comum. O comportamento dos cidadãos médios, ao contrário do que supõe a vã ciência dos sociólogos, é quase sempre insondável e complexo.

Conheço vários tipos deslumbrados na minha classe. Um deles de salário médio, junta dinheiro para conferir, de vez em quando, os ambientes descritos na *Playboy*. Um dia destes me convidou pra almoçar, por sua conta, no Massimo. Perguntei se ganhara na loteria. Respondeu: "Hábito, como qualquer outro". Tenho por princípio ouvir mentiras inofensivas em silêncio. Deixei barato. E lá fomos nós, no dia combinado, estrelar no Mássimo esta comédia de enganos.

Vesti a roupa de sempre, mas ele apareceu fantasiado de rico: camisa Benetton estalando, calça Oliver novinha em folha, sapato Side Walk recém-saído da vitrina. A uma da tarde adentramos o famoso recinto. Eu com a insegurança de estreante que usa jaqueta 10 no Morumbi, ele com ares de absoluta intimidade.

O *maître*, embora gentil, arrastou-nos para um canto fora de foco, onde zumbiam animados corretores da Bolsa. O garçom, que pouco antes servira reverentemente o professor Pastore na mesa 12, tratou-nos com aquela educada frieza que FHC dispensaria ao Zé Rainha. Os garçons dos restaurantes finos têm faro. O do Mássimo devassou as nossas almas com seus olhos de raio X e descobriu rapidamente que éramos estranhos naquele ninho de águias.

De repente, uma senhora bonita, produzidíssima, que ocupava outra mesa de animado grupo de notáveis, acenou-me com surpreendente vivacidade. Ela gritou para mim:

– Quando voltou de Nova York?

Tive, nessa hora crítica, uma súbita inspiração de Deus. Rápido no gatilho, disparei essa resposta neutra:

– A gente sempre volta, né? ...

O meu amigo, surpreso, cochichou: "Você conhece?" Fiz suspense. O garçom, agora, já me olhava com mais respeito. Levantei-me para ir ao banheiro, parei na mesa da moça:

– Desculpe, não entendi a sua pergunta...

Ela arregalou os lindos bugalhos: "Oh, desculpe, eu pensei que você fosse o Novaes! Ah, minha miopia! Mas você é a cara do Novaes, um amigo que mora em Nova York!"

Sorrimos, eu disse qualquer coisa sobre pessoas parecidas, trocamos rápidas palavras, fui ao banheiro. Na volta, o amigo quis saber o que eu havia conversado com a *socialite*. Cortei o papo: "Não seja indiscreto". Insinuei vagamente que tinha motivos para não falar muito das minhas relações com a moça.

Quando acabamos de almoçar, quitada a conta astronômica, ousei o lance mais difícil da minha breve carreira de impostor. Fiz questão de passar com o meu amigo pela mesa da mulher. Olhei fundo pra ela e, com a maior cara de pau, disparei: "Vê se me deixa em paz, de uma vez por todas!" Imediatamente, antes que ela se recuperasse do choque, dei as costas, empurrando o meu estupefato amigo, para que não visse a reação da mesa. Ele não viu, nem eu. Deixamos para trás a perplexidade do garçom, dos ocupantes da mesa e principalmente da mulher que, em má hora, confundiu um cafajeste anônimo com o seu distinto amigo Novaes, de Nova York.

No carro, a salvo do linchamento, depois que o meu aturdido companheiro insistiu ansiosamente em saber como tivera eu a coragem de esnobar uma dama tão chique, e logo no Massimo, confessei toda a encenação. Para ele restou a lição de que há formas bem mais originais e ousadas de fingir nesta vida. Para a moça ofendida ficam, nesta página, minhas desculpas e homenagens tardias, porém sinceras. Não me chamo Novaes, nem moro em Manhattan. Mas bem que gostaria de ver novamente os olhos dela, tão espantados naquela tarde e que agora suponho calmos e infinitamente azuis – como a impossível lagoa serena em que todos os sonhadores do mundo querem, um dia, mergulhar.

A casa

Um casal amigo se separa e a mulher decide vender a casa. Vai morar com os filhos num apartamento novo. O homem também se instala em outro lugar, igualmente confortável. Ambos estão felizes e satisfeitos com a mudança. Ele já tem uma bonita namorada e ela muito em breve achará novo companheiro. Bem feitas as contas, o prejuízo foi meu, que perdi o terraço. Sim, era um pouco meu aquele pedaço da casa, onde passei bons momentos de férias, desfrutando a brisa atlântica e tomando uísque com água de coco.

Quando anunciaram o desenlace eu quis defender os meus interesses, mas deixei barato e permiti que seguissem o seu destino. Sou um sujeito compreensivo, abri mão do terraço. Fui mais longe em minha generosidade. Renunciei aos livros, discos, garrafas de boa bebida, quarto refrigerado. E abri mão principalmente, sufocando queixas, de uma cálida atmosfera humana, impossível de achar em qualquer hotel cinco estrelas e que o tempo vinha desgastando naquela casa finalmente desfeita, vendida, abandonada. Parece que é esse o destino inexorável de todas as casas. Acabam compradas, trocadas por apartamentos, invadidas por estranhos.

O desmonte foi lento e triste. Vi, nos preparativos da mudança, o descarte de coisas imprestáveis, com o vago sentimento de que também eu estava sendo descartado e deixado para trás como um guarda-chuva quebrado ou um velho objeto empoeirado e sem serventia. Dos moradores, somente minha mulher e eu, que éramos temporários, parecíamos ter saudades. Espiávamos, comovidos, aquelas caixas pardas que se iam fechando, levando um pouco de nós dois dentro delas. Ficava patente que estávamos vivendo o nosso último verão com aquelas pessoas tão queridas, para as quais, entretanto, pouco importava a proximidade do mar, a mangueira plena de frutos, o sudoeste soprando no fim das tardes, o cheiro de terra molhada pela "chuva de caju" nos ensolarados dezembros do Recife.

Tiramos uma fotografia do jardim. Contemplamos gravemente a paisagem líquida e verde que se descortinava do terraço. E vimos o quintal com os mesmos olhos saudosos que, na infância, reparavam os quintais pela última vez, a cada mudança.

Depois deste disfarçado ritual, abraços e beijos na família que nos hospedou. Já dentro do táxi para o aeroporto, arrisco um aceno discreto para a casa. Ela vai ficar ali, esperando novos e desconhecidos moradores. Guardando, em seu silêncio de pedra, noites alegres, festas, risadas, palavras amigas, e tudo mais que de repente se muda do tempo de agora para o cinzento do passado irrecorrível. Adeus, acabou.

A perda

Perdemos geralmente um amigo por morte ou desvio de conduta que a nossa intolerância julga imperdoável. Já minha turma boêmia do Recife, liderada por Fernando Jaburu, vai perder Wilson Lyra por outro motivo, igualmente dramático: ele comprou um sítio. E o agravante é que pretende morar lá, para sempre. Disse-me Jaburu que o desertor e neo-eremita invoca motivos copiados do bestiário ecológico ou mesmo daquela musiquinha dos anos 70, *Casa no Campo*. Quer o caríssimo Lyra desfrutar o tal silêncio de cabras pastando e talvez compor alguns abomináveis *rocks* rurais. A isso os jornais deveriam chamar de contra-mão da história...

Não satisfeito em desfalcar de sua verve a nossa conversa de botequim, ainda vai carregar para o sítio a namorada Cristina, prejudicando seriamente a cota verde metropolitana, pois a referida cidadã é portadora de lindos bugalhos dessa preciosa cor, que aliviam a paisagem cinza da grande cidade. Enfim, meus senhores, um duplo estrago: vamos perder o amigo e sua prenda.

Engenheiro de profissão, Wilson já se debruça na prancheta para desenhar o refúgio bucólico. Lembro-me imediatamente dos planos de Carlos da Maia, personagem de Eça, quando queria instalar-se com Maria Eduarda em um *cottage* à beira de um lago. João da Ega, urbano da cabeça aos sapatos, opunha-se ao lago. E argumentava: ter todos os dias diante dos olhos uma água sempre mansa e azul, parecia-lhe perigoso para a durabilidade da paixão. Na quietude contínua de uma paisagem sempre igual, dois amantes solitários, dizia ele, não sendo botânicos nem pescando à linha, vêem-se forçados a viver exclusivamente do desejo um do outro e, que diabo, o mais forte sentimento não pode dar para tanto. Cumpre-me, pois, segurar por aqui esse apaixonado casal da vida real em vias de mudar-se para Maracangalha, usando chapéu de palha e roupa caipira, no momento em que a humanidade se veste para o luxuoso baile de abertura do terceiro milênio.

O que leva um homem a fugir da cidade numa hora dessas, cheia de expectativas? Violência, poluição, barulho? Vejo no campo outro inconveniente brutal, muito pior, que me sufocaria na primeira semana: o tédio. A verdade é que todos precisamos do tumulto da cidade grande para viver com alegria: teatros, bares, amigos próximos, gente indo e vindo. E a cada noite, como disse Jobim, uma promessa de vida no coração. Desaconselho meu amigo Wilson Lyra e sua namorada a tomarem o caminho da roça, enquanto a cidade ferve de possibilidades. Espero que renunciem a um projeto incompatível com os seus hábitos civilizados e nos poupem dessa perda de capital humano, o único que importa. O mato é, literalmente, um programa de índio.

Doação às avessas

Betinho lá no céu que me desculpe, mas acabo de fazer uma doação de aproximadamente 50 dólares *black* ao Sr. Olacyr de Morais, conhecido maior carente desta paróquia. Sempre fui discreto em minhas iniciativas beneficentes e quis a princípio esconder este gesto. Disponho-me, entretanto, a divulgá-lo aqui por motivos também de benemerência. Quem sabe outras pessoas, lendo estas linhas, serão levadas à mesma atitude, compreendendo afinal que o título de "Rei da Soja" é obra caluniosa dos inimigos de Olacyr, na verdade um homem pobre, tanto que fez questão absoluta de abiscoitar meus 50 dólares. Vou contar o caso na linguagem direta de um tabelião.

Este que vos fala dirigia seu carro pela Marginal Pinheiros, aos 28 de outubro do corrente ano, quando foi abalroado por um caminhão da empresa Constran, de propriedade do citado Olacyr. O meu veículo saiu bastante danificado, o mesmo acontecendo comigo, que fraturei uma vértebra. Vieram guardas, testemunhas, e o honrado motorista do caminhão, que não fugiu e reconheceu a culpa. Depois vieram aqueles agradáveis eventos decorrentes de um acidente de trânsito: boletim de ocorrência, polícia, guincho, Pronto-Socorro.

No departamento jurídico da Constran fui recebido por um amável funcionário, Sr. Roberto, que examinando os autos do acidente, pinçou o orçamento mais barato dos três que eu apresentara para conserto do carro e, meneando solenemente a cabeça, em sinal de aprovação, proferiu esta surpreendente sentença: "É este!" Preparava-me para receber o cheque respectivo ou uma carta autorizando o conserto quando o mesmo Roberto, com um sorriso de Celso Russomano, perguntou-me: "Que tal um acordo na base de 70%?" Protestei com a veemência de um petista, invocando os termos do boletim de ocorrência, que caracterizavam responsabilidade total da Constran e não de apenas 70%.

Falei com tamanha ênfase que o representante de Olacyr abrandou radicalmente a proposta: se a despesa orçada era de R$ 1 566 00, eu pagaria os quebrados (R$ 66,00) e a Companhia os redondos (R$ 1 500,00). "Bem, disse eu, 66 reais naturalmente farão falta ao dr.

Olacyr, posso abrir mão dessa quantia". Lembro-me que o Sr. Roberto, enquanto defendia a empresa por subtrair meus trocados, expôs a filosofia de "fazer sempre um acordo", em qualquer caso, o que traduzo desta forma: jamais pagar integralmente as contas.

Comecei a crônica em tom ameno, mas reconstituindo os fatos tão detalhadamente, fui perdendo a paciência. Acho que vou processar a Constran. Não é justo que eu fique usando este maldito colete, recomendado pelo ortopedista, impedido de ir aos bares, enquanto Olacyr esbanja os meus 66 reais em sua gandaia retardatária e costumeira.

Um bar
chamado Jogral

O bar Jogral foi um espaço boêmio que fervilhou em São Paulo nas décadas de 60 e 70. Era freqüentado por intelectuais que bebiam hectolitros e prestigiavam Carlos Paraná, dono e cantor da casa. Compositores iniciantes pintavam por lá, como Chico Buarque, Toquinho, Vitor Martins, Gilberto Gil.

Ponto invariável de encontros com amigos que hoje raramente vejo: Ivanildo Porto, Audálio Dantas, Franco Paulino, Antônio Torres, Antônio Albino, Klaus Kleber, Fernando Pessoa, Jorge Wanderley, Luiz Celso Piratininga, Eurico Andrade. A vida, com a sua costumeira arbitrariedade, nos encaminhou para outras mesas, outros bares, outras turmas. Alguns recolheram-se, deram adeus às armas, ensarilharam os copos. Fizeram bem? Não sei – eu vou ficando por mais algum tempo, maneirando, mas de copo na mão.

Daria tudo que tivesse pra voltar aos tempos do Jogral. Ainda hoje me espanto com a minha capacidade de beber naquela época. Tomava doze uísques por noite. Eu era alcoólatra e não sabia. Mas nenhum leitor quer saber da minha vivência pessoal em qualquer coisa, acho que nem eu mesmo. Voltemos ao Jogral.

Figuras carimbadas, na clientela, eram Paulo Vanzolini e Martinelli. Os dois, acompanhados pela viola de Adauto Santos, duelavam em versos e arrancavam frenéticos aplausos. De Vanzolini ficou famosa esta redondilha, improvisada no embalo de um sábado à noite: "Eu sou Paulo Vanzolini / Animal de muita fama / Tanto corro no seco / Quanto na vargem de lama / Mas quando o marido chega / Me escondo embaixo da cama..."

Além de grande repentista, Paulinho animava o Jogral com a sua verve de agilíssimo conversador. Uma noite, a propósito de certo amigo nosso que citava erradamente um livro, ele comentou: "Fulano é muito esforçado, mas fica de testa franzida até pra ler gibi". De outro, que classificava um filme de "emocionante", disse Vanzolini: "Mas ele chora até no Dia das Mães...".

Martinelli, de parceria com Arthur Andrade, ali compôs o seu único e excelente samba, que até hoje rola nas madrugadas paulistanas: "Depois do terceiro uísque / O mundo é todo meu / Depois do terceiro uísque / Eu não sou mais eu / Pois aparece outro / Muito melhor do que eu..." Empresário bem-sucedido, dono de laboratório, contavam no Jogral que ele nem sempre fora rico. No laboratório multinacional Le Petit era um diretor assalariado. Depois brigou com os gringos e usou o dinheiro da indenização que recebeu do Le Petit para montar seu laboratório. Com o nome de Le Grand...

O Jogral teve três endereços. O último foi na rua Maceió, que Marcus Pereira, Martinho da Vila e eu compramos de Marta, viúva do Carlos Paraná. O Jogral começava então a ser freqüentado por executivos, gente de grana. Mas a nossa experiência como donos de bar foi desastrosa. Nascemos, como se diz, para ficar do lado de cá do balcão. Lembro que chamamos nossa amiga Miúcha para o *show* de estréia. Eu apareci no ensaio e ela disse que não queria *spotlight*, canhão de luz, essas coisas. Preferia o palco à luz de velas. Eu falei: "Miúcha, isso é muito alternativo pro gosto de paulista, não vai dar certo". Ela fincou o pé e assim foi feito. À noite, o bar estava repleto de executivos engravatados. No centro do palco, um tacho com muitas velas coloridas. Blecaute. Os músicos foram entrando em fila indiana, vestindo batas indianas. Miúcha sentou-se no chão, ao lado das velinhas acesas. Aí a platéia, em uníssono, atacou: "Parabéns pra você / Nesta data querida...". Ainda bem que Miúcha, carioca esperta, não perdeu a esportiva: "Está inventado o humor paulista! Parabéns pra vocês também"....

Conversando
no bar

Houve um tempo em que os jornalistas eram boêmios. Para eles a dissipação era uma segunda natureza profissional. Hoje somente os mais veteranos mantêm hábitos notívagos. A maioria dorme cedo, não fuma, pratica esportes e até dança tai-chi-chuan. As moças casam jovens, antes dos 25. Antigamente, não. Mulheres jornalistas namoravam até ficarem velhas. Quanto mais velhas, mais namoradeiras. E freqüentando os bares da classe, que eram muitos. Bons tempos.

Estou dizendo essas coisas para explicar o fato de serem velhos jornalistas os personagens das estorinhas que vou contar aqui. O primeiro deles é Rubem Braga. Todo mundo sabe no Rio de Janeiro que o grande cronista era apaixonado pela atriz Tônia Carrero. Foram namorados, depois ficaram somente bons amigos, até o dia final do Braga. Uma noite no Degrau, bar do Leblon, Rubem e Tônia, já na condição de apenas amigos, participavam de grande mesa boêmia. Ele, casmurro como sempre; ela, desinibidíssima e encantadora, a figura mais falante de todo o grupo, em contraste com o seu amigo. Ali estava ele, muito quieto, sentado ao lado de Paulinho Mendes Campos. Acompanhava, em silêncio, a tagarelice da estrela.

Em dado momento, numa rara pausa de Tônia, o Braga disse ao Paulinho: "Ela fala pelos cotovelos!" E, logo acrescentou, fascinado: "Mas que cotovelos!..."

Já que insistem, conto outra. Estavam reunidos na "Fiorentina" Ivan Lessa, Joel Silveira, Millôr Fernandes e um amplo etecétera, neste incluindo Sérgio Bittencourt, aquele pentelho que era jurado do programa Flávio Cavalcanti. Pois bem, o dito Sérgio começou, de repente, a esculhambar Charles Chaplin: "Cômico de merda, que vocês idolatram somente porque é esquerdista!" – bradava o chato, enquanto a mesa, perplexa, não sabia como responder tamanha besteira. A esta seguiram-se outras, igualmente enfáticas, desancando o grande Carlitos. De repente, um aparte de Ivan Lessa: "Sérgio, por que este ódio, por que você fala tão mal de Charles Chaplin?" "Ora, eu falo porque alguém tem que desmascará-lo!", rosnou o paspalho. E Ivan Lessa: "Engraçado, ainda ontem encontrei o Chaplin e ele falou tão bem de você..."

Noite na livraria

No fim da tarde entro na livraria do shopping center e noto que sou o único e solitário freguês do setor de literatura. Em volta da gôndola de "auto-ajuda" circulam executivos e peruas oxigenadas, mas aqui onde estou não há ninguém. Crise no comércio não é, pois vi o burburinho dos consumidores em outras lojas. A dura verdade é que os bons livros saíram de moda.

Talvez para compensar a pobre realidade fico a imaginar essa livraria de noite, em altas horas, com autores e personagens descendo das estantes para comentar o abandono a que foram relegados. George Orwell como sempre apocalíptico e exagerado: "O videogame substituiu os contos de Grimm! Acelera-se a barbárie tecnológica! Em breve ninguém mais se comunicará pelo sentimento, e sim através da cibernética global! A Internet vai enredar a todos em suas malhas!" O poeta Octavio Paz sai do seu mais recente livro com um discurso ameno e comovido: "Pouca gente lê poesia, mas que importa? Os que lêem são jovens, mulheres e dissidentes de todo tipo: filosóficos, sexuais, políticos. A poesia se tornou uma arte à margem da sociedade. É a outra voz, vive nas catacumbas, mas não desapareceu".

João da Ega espia gulosamente as lindas mulheres que vão chegando: Anabel Lee, delicadamente conduzida por Edgar Allan Poe. De braço dado com Monsieur Flaubert, a inconformada Ema Bovary. Na severa companhia de um certo senhor Machado, morador do Rio antigo, aparece Capitu. Varre o salão com a luz dos eternos olhos de ressaca. Depois, no esplendor dos seus também eternos trinta anos, aproxima-se a Marquesa d'Aiglement. *A cotté*, Honoré de Balzac. Outras, muito lindas e muito brancas, vindas de remotos confins do tempo, desfilam diante do fauno português. Com o olho brilhante de champanhe, mirando aquela farta brancura carnal, João da Ega escandaliza o Conde de Gouvarinho: "Tudo bem, senhor conde, mas em Vossa Excelência se acostumando não há como as pretas..." Mas eis que, de repente, as mulheres começam a voltar para as páginas onde moram. Amanhece lentamente na livraria, acaba o sonho.

Toda essa alegoria pode soar nostálgica e despropositada. Afinal, os jornais divulgam que está havendo um *boom* de leitura no Brasil e exaltam o megaevento Bienal do Livro, com suas multidões ululantes. Bem, as estatísticas são como biquínis, escondem o mais importante. As sucessivas edições de *best-sellers*, puxando para cima indicadores de venda, refletem um triste caso de abastardamento intelectual. Quanto à Bienal, acho que é um ruidoso hipermercado, sem o charme discreto das livrarias. Livrarias que prefiro silenciosas, onde o ato de comprar seja quase litúrgico e até sensual, incluindo carícias e cheiros nas páginas virgens, perfumadas de tinta nova.

A sociologia dos prédios

Quem mora em prédio sabe do que estou falando. Há todo um mecanismo sociológico engendrando as relações entre condôminos. Estes, na maioria, têm uma convivência precária, de piscina e elevador. Não se visitam, nem saem juntos, mas conversam animadamente nos encontros episódicos, como se fossem velhos amigos. Gracejam sobre futebol, falam mal do síndico e da República. Parecem detestar o seu país. "Só mesmo no Brasil!", costumam dizer, referindo-se a uma sacanagem qualquer. São favoráveis à pena de morte, votam em Paulo Maluf.

Os condôminos, com raras exceções, fazem questão do máximo respeito à hierarquia dos elevadores: o social, para as famílias residentes, o de serviço, para empregadas domésticas. Pois foi neste último que me aconteceu entrar às pressas. Sem olhar direito para uma pessoa que lá estava, cumprimentei maquinalmente: bom-dia! Não houve resposta. Era uma senhora de certa idade, usando avental de empregada. Olhava-me com um certo espanto por ter sido cumprimentada. Não fora grosseria, fora susto. Jamais recebera um bom-dia no elevador. Isso ela me disse na saída, muito envergonhada, quando perguntei por que não respondera minha saudação.

Acho que deve haver elevador de serviço apenas para o carrinho de mercadorias, entrega de encomendas, mudanças etc. Pessoas que moram ou trabalham no prédio e visitantes, indistintamente, devem tomar o elevador que chegar primeiro. Se desse a minha opinião numa assembléia de condôminos seria questionado veementemente, pois alguns fatos comprovam que há uma esmagadora tendência pela divisão dos elevadores.

É um destes fatos que venho narrar, como uma espécie de expiação. Deu-se ontem à noite, no elevador social, que estava lotado. As pessoas, como eu, chegavam do trabalho. Notei, no canto, uma negrinha encolhida. Era empregada doméstica. Quase todos olhavam para ela com um ar de reprovação. Logo surgiu o porta-voz do grupo, um senhor de voz autoritária: "Você não sabe que as empregadas não devem usar o elevador social?" Outras vozes fizeram comentários apoiando a repreensão. A menina finalmente ensaiou uma justificativa: "Eu estava apressada..." O porta-voz caprichou no timbre, repetiu a censura. Tive o ímpeto de protestar, defender a criaturinha humilhada. Estávamos a dez andares do meu apartamento. Seria um ato mínimo de coragem moral insurgir-me contra a discriminação. O olhar da negrinha cruzou com o meu. Pareceu-me um pedido de socorro. Continuei calado. O elevador chegou ao meu andar. Em casa, pacifiquei a consciência, argumentando para mim mesmo que a timidez me impedira de reagir. Mas não foi timidez, não. Foi covardia.

Aquelas
coisas todas

No meio da conversa veio a lembrança daquele texto de Scott Fitzgerald. Texto autobiográfico em que ele contava um momento da crise, percebendo que diante de si não estava o prato que encomendara para os seus quarenta anos. Então fazia listas, longas listas de objetos, situações, pessoas. Fazia listas e rasgava-as. Listas de jóqueis e jogadores de beisebol, de cidades, de tempos felizes, roupas e pares de sapatos antigos, mulheres de quem gostou e também das vezes que foi humilhado por gente inferior a ele em caráter ou talento...

"Há quanto tempo não falávamos de Scott..." – ela comentou e propôs que fizéssemos nossas próprias listas das coisas deixadas para trás. Lembrei aquele verso de Camões, "A grande dor das coisas que passaram...".

Apontando os poucos e quase invisíveis fios brancos em sua cabeça, minha doce amiga de tantos anos tirou da memória outro poema: "Não foram os anos que nos envelheceram / assim duros e lentos / Foram certos momentos..." Sim, concordei, os instantes de dor nos gastam mais que o passar do tempo.

Ela sugeriu que melhor seria listarmos os momentos bons. Começou a recordar fatos da juventude, em relato sereno, como quem dita um rol de roupas coloridas. Em certo instante, quando falou dos filmes do Cinema Paissandu em Botafogo, ou das noites alegres de bossa nova na grande casa das Laranjeiras, notei que a voz dela ficou ligeiramente quebrada pela emoção.

Chego ao ponto alto da minha lista com a noite de 13 de outubro de 1977, quando o Corinthians tornou-se campeão paulista, depois de uma espera que durou exatamente 22 anos, 8 meses e 7 dias. Vimos juntos, eu digo, e também estávamos, como agora, de mãos dadas. Aos 37 minutos do segundo tempo Zé Maria cobrou uma falta, levantando para Basílio que tentou marcar e não conseguiu. A bola sobrou para Vaguinho, que chutou na trave. A rebatida foi de Vladimir, mas Oscar, da Ponte Preta, salvou. Na volta da bola Basílio chutou, inspirado por Deus, e gol!!! O gol mais emocionante que já houve em toda a minha vida. Com exceção daquele que eu mesmo fiz, aos doze anos de idade, em rua de terra, com bola de meia, numa remota cidade do interior.

Crônicas da Vida Boêmia

Ficamos um bom tempo repassando aquelas coisas todas, algumas tão banais quanto sublimes, que enfeitam o nosso passado e de vez em quando queremos ver de novo como se fossem um filme. "Somos dois alegres saudosistas", sorri minha amiga, descendo comigo as escadas do avião da Panair. Terminava uma linda viagem que durou três horas e uma garrafa de vinho. Ao som de Chico e Edu: "Eu descartava os dias / em que não te vi / Rodava as horas pra trás..."

As lágrimas inúteis

O meu amigo sempre foi aquilo que se costumava chamar de "homem de esquerda". De nossa turma juvenil era o mais engajado. Foram muitos os seus combates: petróleo é nosso, paz mundial, posse de Jango, reformas de base, CPC da UNE. Dizia, orgulhoso, que era da "geração Petrobrás". Em 64 perdeu tudo, inclusive a liberdade e o direito ao trabalho. Pouco tempo depois estava de novo em ação nas passeatas e outros atos de resistência. Lutou, sem tréguas, até as campanhas da anistia e das diretas. Vejo convertida em pôster no seu apartamento a primeira página do *Jornal da Tarde* com a foto gigante daquele comício na Praça da Sé. Ele aponta melancolicamente para o quadro: "Foi a última batalha que perdi". Naquela mesma sala, durante o governo

Médici, indignado, ele empunhava sua dose de uísque: "Você sabe por que é que eu bebo? Eu bebo em legítima defesa!" Nunca mais esqueci e desabafo.

Agora o colecionador de derrotas já não combate, ainda que mantenha intactos, no fundo do coração, aqueles sentimentos que moveram as lutas passadas. Mas diz que não crê mais em qualquer ideologia como canal para a materialização dos seus sonhos. Conta-me serenamente, de olhos enxutos, as vezes que derramou o que chama de "lágrimas inúteis". A fala parece o áudio de um velho filme: a primeira vez que viu Prestes, a entrada de Fidel em Havana, passeata dos cem mil, o filme *Deus e o Diabo*, Liberdade-Liberdade, rebelião de Lamarca, regresso dos exilados. "Perdi meu tempo, foi tudo ilusão", resmunga, como se estivesse lembrando uma mulher longamente amada e que traiu esse grande afeto.

Os homens de esquerda estão desaparecendo ou se reciclando para não sofrer as sanções da "modernidade". Alguns deles, coitados, assinam textos na imprensa que o doutor Roberto Campos não hesitaria em subscrever. O meu amigo comenta isso com raiva.

Vejo os livros em sua estante. Parecem recompor toda sua trajetória de vida. Tem até aquele romance do Jorge Amado que motivou sua entrada na Juventude Comunista. Ali jaz também a coleção completa da revista *Civilização Brasileira*. Pergunto quem vai reler aquilo. "Talvez os netos", responde, traindo uma secreta esperança. Outra ilusão, penso eu. Os netos dele vão é tocar em grupos de *rock* e depois ganhar dinheiro como executivos. Essa biblioteca será dividida no futuro entre os filhos, que sequer abrirão os caixotes.

Puxo outro assunto, tento alegrar a conversa, mas o meu amigo não diz nada. Tem os olhos cravados no pôster do comício das diretas. Depois de um minuto de compacto silêncio, percebo que ele está chorando.

O homem do tempo

Fazendo a barba, todas as manhãs, ouço no rádio as previsões do sr. Narciso Vernizzi, o "homem do tempo". Também escuto noutra emissora Josélia Tegorim, a moça do tempo, bem mais jovem e mais objetiva, porém confesso que me agradam mais aqueles floreios verbais do Vernizzi. Antes de informar sobre o tempo em São Paulo ele, não sei porquê, descreve a situação no sul da Argentina, e me conta que chove torrencialmente em Baía Blanca. Depois tece considerações indecifráveis sobre o chamado "sistema frontal" – algo que até hoje, depois de muitas aulas, dia após dia, não sei exatamente o que vem a ser.

O homem do tempo tem o seu estilo. Ele não chama nuvem de nuvem, mas de "estrato-cúmulo". E dispõe de um estoque de palavras que a mim, pessoa de escasso vocabulário, causa inveja e admiração.

O homem do tempo é um oráculo misterioso. Não fala do estúdio, usa o telefone. Isso me faz supor que o seu local de trabalho fica no pólo norte, ou algum lugar ainda mais remoto e secretíssimo. Talvez na Floresta Negra, dentro de um nevoeiro. Dali ele contempla os seus estratos-cúmulos, a eterna viagem dos ventos, deslocamentos das massas de ar frio e frentes estacionárias. De vez em quando o sr. Vernizzi registra informações que a rigor não servem para nada, mas me fazem refletir gravemente sobre o passado: "Ontem não foi tão frio assim. No dia 2 de maio de 1967 tivemos 4 graus em São Paulo". Fico a me perguntar onde estava eu naquela gelada noite paulistana de 1967, agora subitamente lembrada. Penso em moças que passaram pela minha vida, velhos sambas da época, uns porres, reminiscências de toda ordem.

Logo o sr. Vernizzi interrompe esta viagem regressiva para me informar gentilmente que "o fim de semana será aproveitável". Gosto da expressão "aproveitável", tão freqüente na linguagem dele e tão cheia de bons presságios. Faço planos. Irei ao mar ou às montanhas, visitarei amigos, assistirei finalmente àquele bom filme, viajarei para Ribeirão Preto onde o Corinthians novamente humilhará os infiéis. Logo, porém, o homem do tempo fecha o seu boletim dizendo "voltaremos logo mais, até lá". E recomeçam no rádio as velhas notícias de sempre sobre o Banco Central, a política econômica, o Congresso. Nada que estimule a fantasia, faça o pensamento voar, aqueça o coração.

O homem do tempo é um tarimbado profissional que faz a sua parte nas manhãs da cidade. Tem um jeito antigo de exercer a sua dificílima profissão, tão sujeita a chuvas e trovoadas. Não saio de casa sem ouvir os seus conselhos. Os erros que eventualmente comete não me causam decepção. Ele é uma espécie de amigo desconhecido. Se não fizesse as voltas que faz para dizer as coisas e deixasse de usar os termos rebarbativos que usa, talvez perdesse a graça. E perdesse também os milhares de fiéis ouvintes, entre os quais, humildemente, figura o que assina estas linhas.

Gente que faz

Tem 73 anos, já se aposentou pelo INSS, mas ainda trabalha duro, inclusive nos fins de semana. Chama-se Arnaldo este honrado paulistano, marceneiro de profissão, a quem os moradores do meu prédio também recorrem quando precisam de encanador ou eletricista. Não lhe faltam disposição, capacidade e algumas ferramentas. Topa quase todo serviço. Quase, digo bem, pois ele me exibe as palmas escalavradas: na véspera, por não dispor de chave apropriada, teve que desatarrachar, com as próprias mãos, o renitente parafuso de uma pia. Mostra os ferimentos com orgulho, como se os tivesse recebido numa batalha pela Pátria.

Acho que o senhor Arnaldo é um patriota. Ele honra o Brasil. Muito mais, em minha opinião, que certos cavalheiros tão ciosos dessa qualidade, entronizados na mídia e na política. E no entanto não recebeu da Pátria uma justa recompensa por seus 35 anos ininterruptos de serviço, completados em 1972. Nesse ritmo, é bem capaz de dobrar o tempo legal. Como ficamos, nobres deputados? O senhor Arnaldo não se queixa de nada, mas eu acho que erraram nas contas.

Homem cordial, Arnaldo se diferencia dos prestadores de serviço, que são freqüentemente grosseiros e impositivos. Outra diferença: ele é um sujeito honesto. Cobra preços justos, discrimina cuidadosamente as peças utilizadas, apresenta nota. Poderia cobrar o que quisesse, pois os seus serviços, embora essenciais, não são acompanhados pelo governo. Mantém-se, porém rigorosamente íntegro em seus negócios não tabelados. Com um respeito ao consumidor que poderia inspirar muitos capitães da indústria e do comércio.

Sempre achei que, entre as habituais notícias desagradáveis, os jornais deveriam publicar algumas capazes de levantar o moral dos leitores. Por que não, senhores pauteiros, contar um dia na longa existência desse biscateiro. Como tratar o episódio da falta de chave e da abertura do sifão com as mãos feridas? Do mesmo jeito que Hemingway tratou a luta do pescador com aquele peixe grande em *O Velho e o Mar*. Talvez me digam que trabalho é assunto muito corriqueiro e não dá uma boa história para jornal. Responderei que não deveria ser corriqueiro um senhor de 73 anos obrigar-se a tanto.

Essa história não é singular no mundo do trabalho. Milhões de cidadãos invejam o ministro Reynold Stephanes, da Previdência, que se aposentou antes dos cinqüenta, com um gordo salário. Bem que o velho Arnaldo poderia representar estes excluídos da sorte no tal programa "Gente que faz". Ele faz tudo, lá no prédio. Ele faz força. Ele briga pela vida, no braço, desde menino.

Humor do
showbizz

Numa turnê artística o *superstar* voa sempre na primeira classe dos aviões e hospeda-se em luxuosas suítes. Os músicos de sua banda viajam na classe econômica e dividem apartamento *standard* nos hotéis. É uma forma de tornar as excursões economicamente viáveis. Pois aconteceu que às vésperas de uma turnê do cantor Djavan aos Estados Unidos o baixista da banda rebelou-se contra essa praxe. Exigia um apartamento só pra ele em Nova York. Mais do que isso, considerava um privilégio inaceitável que o cantor viajasse de *first class*, enquanto os músicos espremiam-se na classe econômica. O empresário da turnê apavorou-se e foi rapidinho contar tudo a Djavan. Este, para surpresa do assustado *manager*, deu razão ao baixista. Pediu uma reunião com toda a banda e anunciou: "Pessoal, eu sou um nordestino de origem modesta, não gosto de luxo, viajarei com vocês na classe econômica. Vamos todos juntos e *alegres*!" Aí o tecladista uruguaio da banda, Hugo Faturoso, aparteou em portunhol: "Djavan, que tal irmos todos mui *tristes* na *first class*?"...

E há também outra estória engraçada, tendo mais uma vez Tom Jobim como personagem. Ele veio a São Paulo prestigiar uma exposição de sua mulher, Ana, que é fotógrafa. Um jornal destacou para ouvi-lo o jovem repórter que fora treinado na editoria para ser agressivo como os entrevistados. Infelizmente muitos editores acham que repórter deve ser assim. Mas vamos lá. O garoto armou-se até os dentes para massacrar sua ilustre vítima. Ouviu discos, leu entrevistas anteriores, consultou mil fofoqueiros, em busca de um gancho envenenado. Até que, em sua ingenuidade, julgou ter achado o que procurava: a "mórbida fixação" de Tom em... fotografia! E, no dia da entrevista, fuzilou: "Senhor Tom Jobim, pesquisei sua obra e descobri uma obsessão doentia! Há um samba seu com o título *Fotografia*, em 58, aquele versinho que diz 'fotografei você com minha Rolleyflex', em 59, esse dos Anos Dourados dizendo 'na fotografia estamos felizes', o seu casamento com uma fotógrafa e, finalmente, o tal *Retrato em Branco e Preto*, que aliás é um erro porque normalmente lá na redação a gente diz o contrário, preto & branco!" Tom Jobim ouviu pacientemente a cantilena do foca e respondeu: "Meu jovem, sem dúvida você é um craque em psicologia. Acertou tudo. Agora, quanto ao *Retrato em Branco e Preto* foi coisa do Chico Buarque, meu parceiro. Eu reclamei e tal, mas ele explicou que para rimar com o verso 'vou colecionar mais um *soneto*' precisava escrever 'esse retrato em branco e *preto*'. Se fosse como você quer, o verso seria 'vou colecionar mais um *tamanco*, esse retrato em preto e *branco*...'" Acabou a entrevista.

Feitio de oração

Os marxistas remanescentes que me desculpem: tenho mais compaixão pelos pequenos-burgueses endividados do que pelos trabalhadores do Brasil, principalmente os metalúrgicos. A gloriosa classe operária dispõe da CUT e de sindicatos fortes para defendê-la, enquanto a pequena-burguesia economicamente asfixiada não tem qualquer proteção terrena e sobrevive pela graça de Deus. Tende piedade, Senhor, dos pais de família que usam terno e gravata para guardar as aparências, vegetando numa existência pobre de tudo: sem lazer, sem reconhecimento social, sem prazer.

E já que entrei nesse feitio de oração, também rogo a clemência dos céus para os fartos de bens materiais e no entanto sempre mergulhados na mais espessa imbecilidade. Tende misericórdia, Senhor, das "lôraburras", dos "mauricinhos", dos eleitores de Paulo Maluf. Afastai dos nossos domingos a histeria de torcedores de todos os times de futebol, com a exceção do glorioso Esporte Clube Corinthians Paulista – orgulho dos desportistas do Brasil e eternamente em nossos corações etc.

Compadecei-vos da crescente legião dos filhos da luta comercial, exibidores ostensivos de telefones celulares nos restaurantes, gritando seus abomináveis recados de negócios. Alargai a mentalidade estreita dos executivos que apertam nossa mão, quando apresentados, com a força de um torniquete, para demonstrar vitalidade. E concedei um pouco mais de vigor aos esnobes que nos estendem as mãos flácidas, quase invertebradas, para mostrar que não merecemos a sua atenção.

Curai, por milagre, os bêbados chatos, pois que eles desonram a sempre nobre estirpe dos boêmios. Ainda neste capítulo inspirai as moças, nos bares da vida, para que não mais respondam nossas observações usando a detestável expressão "com certeza!", aprendida nos programas de Hebe Camargo, Ana Maria Braga e similares. Iluminai também as mentes dos infelizes repetidores das análises políticas do Alexandre Garcia. E salvai da miséria intelectual os leitores de Lair Ribeiro e demais autores de livros de auto-ajuda, tantos, tantos, chegando sempre em ondas, como o mar.

Livrai-nos, enfim, Senhor, daqueles seres que conspiram todos os dias para tornar a vida desinteressante:

síndicos, taxistas, vendedores de enciclopédias, ecologistas militantes, ex-fumantes que patrulham fumantes, ginastas em geral, grupos de pagode, ex-comunistas hoje devotos da privatização irrestrita, contadores de piadas, contadores de filmes, contadores propriamente ditos, trocadilhistas, donos de supermercados e argentinos em trânsito, amém.

Workshop

Até a semana passada eu lamentava uma falha da minha vida e carpia esta dor secreta: jamais participara de um *workshop*. Todos os meus amigos, principalmente os acadêmicos, enchiam a boca: "Ontem, no *workshop*..." E eu, moita, sem perguntar o que diabo viria a ser isso. Quando pela primeira vez ouvi esta palavrinha julguei que fosse marca de uísque ou talvez uma boa especiaria tipo *mango chutney*, algo assim. Aos poucos avolumou-se a presença do termo nas conversas ou nos jornais, grifado misteriosamente em língua estrangeira e cuja tradução não quer dizer muita coisa. "Para saber o que é um *workshop* é preciso ir a um *workshop*" – resumiu, enigmático, um bem falante profissional de relações públicas. Isso depois de longas e complicadas explicações que nada esclareceram.

Bem, eu já participara de muitos eventos, antes da chegada ao Brasil do modismo do *workshop*: debates, oficinas, saraus, palestras e até, meu Deus, colóquios... com perdão pela má palavra. Sem a mínima coragem moral de confessar minha ignorância pus-me então a imaginar *workshop* como algo solene, a que se deve comparecer no mínimo usando *black-tie* e fumando cachimbo inglês.

Estava perdido nessas conjecturas quando li um anúncio de jornal e resolvi telefonar para informar-me. Uma irônica secretária respondeu que o *black-tie* não era recomendado. Pelo menos, acrescentou, naquele *workshop* sobre o futuro da ficção científica em Cingapura. Fiz a mesma checagem em temário mais palatável, gastei uma nota preta de inscrição e, no dia marcado, compareci.

Sou homem tímido e, antes de entrar, fiquei alguns minutos no *hall*, hesitando. Era num hotel, pois *workshop* de luxo, não me perguntem porquê, é sempre em hotel. Ali fiquei observando os prováveis participantes: todos jovens, bem vestidos, portando pastas daquelas que saem na *Exame Vip*. Eu, pobre de mim, sem pasta e sem gravata. Seja o que Deus quiser, pensei, e fui para o local do evento. Então aconteceu um fato surpreendente: o *workshop* não era *workshop*. Era uma palestra, seguida de perguntas e respostas, como antigamente. Quis reclamar meu dinheiro de volta, mas os demais presentes estavam tão satisfeitos que desisti do protesto. O conferencista dizia lugares-comuns em estado de êxtase e arrombava portas que estavam abertas há muitos anos. Era o rei do óbvio. E no entanto, requisitadíssimo, figurinha carimbada no circuito dos papos furados com entrada paga. Compreendi ali que *workshop* é um nome chique para debates que todo mundo promove, desde o colégio. Uma reunião de preferência longa, com acaloradas discussões. O PT do Rio, por exemplo, faz no mínimo 365 *workshops* por ano, somente nas bases de Ipanema...

Os loucos do Ibirapuera

Dizia o velho Bertrand Russell que toda energia desmesurada é sempre movida por um grau de vaidade também excessivo. Penso nisso quando vejo, na pista de *cooper* do Ibirapuera, indivíduos em louca disparada, buscando um *record* certamente danoso à própria saúde. Eles querem ser notados. Para tanto prejudicam-se a si mesmos e quase atropelam quem anda ou corre cadenciadamente, no ritmo certo, como recomenda a boa educação física.

Imagino que depois dessa exibição de velocidade pedestre, os malucos vão fazer o mesmo, pelas ruas da cidade, guiando seus automóveis de cores berrantes. A vaidade é vermelha. E corre a 120 por hora.

Fico espantado com os diálogos tensos e impróprios entre alguns praticantes de *cooper*. Enquanto marcham aceleradamente, falam aos gritos de negócios, cotações, dívidas, contratos, brigas comerciais – a força da grana que tritura seus nervos no cotidiano. Esta é a incrível pauta dos assuntos, durante um exercício teoricamente relaxante e pacificador. Alguns ficam excitados como se estivessem no pregão da bolsa ou numa reunião com os piores inimigos. Tenho a impressão que vão explodir na próxima curva. Como é possível? A Prefeitura deveria afixar cartazes acalmando essa gente. Sugestão de texto: "Deixem a raiva do lado de fora". Se Rodolfo Konder é o secretário municipal que manda no parque, tenho certeza que fará isso.

Os loucos do Ibirapuera não estão somente na pista. Em outros cantos do logradouro você os encontra. Lá estão bicicletando com fúria, sujando as alamedas, soltando literalmente os cachorros, em cima dos outros. Felizmente são minoria. Em contraponto, adolescentes lindas patinam suavemente, famílias caminham, namorados passeiam a sua felicidade sob as árvores. Estes são os melhores figurantes do belo filme que se pode assistir de graça, em todos os fins de semana. Gente feliz, indo e vindo, ainda é o espetáculo mais bonito de se ver. Pena que seja truncado pelo desvario dos tais abomináveis coadjuvantes.

Do lado de fora do parque os loucos do Ibirapuera têm seus equivalentes. Os *workaholics*, por exemplo.

Vivem geralmente em estado anfetamínico. Plugados, também conversam alto, como verdadeiras caixas de som. Costumam alardear seu vício pelo trabalho, supondo que isso desperta admirações. Proclamam com orgulho: "Dez anos sem férias!" No que me concerne, eu os desprezo. Não posso respeitar pessoas que se gabam da própria infelicidade. Nego qualquer aplauso a quem renuncia ao convívio da família para se trancar dia e noite no escritório, privando-se de todo o lazer que o seu rico dinheiro pode comprar. Esses caras estragam a imagem de São Paulo. Mas são tantãs de outro hospício, ficam para outra conversa.

O tempo e as palavras

Relendo, para uma pesquisa, velhos jornais dos anos cinqüenta, encontro em quase todas as matérias expressões inteiramente caquéticas. E tudo aquilo foi escrito já decorridas três décadas da Semana de Arte Moderna. Pelo visto, os redatores dos *fifties* não liam Oswald, nem Mário. Fico pensando o quanto a linguagem mudou, independentemente das eventuais reformas ortográficas, dos anos sessenta para cá.

Nenhum personagem de agora "olha de soslaio", o que aliás é ótimo, porque não existe palavra mais hedionda que "soslaio", exceção talvez para "cônjuge". Ninguém responde mais com um "encolher de ombros", parece que está todo mundo com torcicolo. Ninguém passa mais um "vista d'olhos", acho que nem mesmo em Portugal.

No texto moderno raramente está escrito aquilo que não se costuma usar em conversação. Esse coloquialismo torna a linguagem mais real e nos poupa, em casa, daquela pergunta insuportável: "Pai, o que é biltre?" Toda a minha vida foi pautada para não responder a tais provocações domésticas. Tenho quatro filhos. Aos que me perguntaram isso, mandei que procurassem o biltre no dicionário. Mas sempre me opus à definição do Aurélio. Biltre, para mim, será sempre um título de nobreza: "O biltre de Windsor!", "O biltre de Caxias!", "O biltre de Sapucaí!" e assim por diante.

Palavras o vento leva, dizia meu pai. De fato, para onde foi o termo "hilário", em voga na década passada? O vento levou. Vejam esse tratamento de "bonitinha" e "bonitinho" usado pelos namorados. Logo estará guardado no armário do tempo, cheirando a naftalina. E daqui a dois anos soará como soam agora provectas gírias da jovem guarda, alguém aí se lembra?

Incomoda-me ouvir gente de certa idade falando gíria de jovem, ou demonstrando interesse postiço por videogames e bonés. Há um vocabulário neutro, atemporal, sem contra-indicações, que pode ser usado indistintamente por gente nova ou madura. Ninguém precisa recorrer a miçangas de ocasião para enfeitar a conversa, do mesmo modo que uma linguagem limpa, sem mofo, garante a compreensão do discurso falado ou escrito.

No início da década de setenta muitos jornalistas brasileiros tomaram o *Pasquim* como paradigma. E haja "pô", "sacumé", "ops", "epa" etc. O *Pasquim* acabou e muitos ficaram até hoje, melancolicamente, escrevendo no estilo de uma Ipanema datada. Quando vejo algum texto nessa falsa linha jovem, imediatamente percebo que foi escrito por alguém cinqüentão reminiscente. Que seria muito mais simpático e verdadeiro falando claramente de suas saudades. Gosto de reminiscências. Mas não suporto quando ela vira subtexto. É tão lamentável quanto pintar os cabelos.

Feira das vaidades

O uso de textos em adesivos de automóveis provavelmente se inspira na fraseologia dos parachoques de caminhões, existente desde que soltaram o primeiro caminhão nas estradas. Mas, desprezando a linha de humor popular adotada pelos caminhoneiros, alguns donos de carros de passeio tomaram o perigoso rumo do exibicionismo. Suas frases, quase todas, destinam-se a informar sobre as próprias excentricidades ou preferências: "Acredito em duendes", diz uma; e outra proclama "Eu amo São Paulo"– com o verbo representado por um coração vermelho, inflado, igual aquele do Paulo Maluf. Dia desses li, na Marginal Pinheiros, a mais cretina variante possível desta declaração. Dizia simplesmente: "Eu amo pescar". Fiquei me perguntando a quem, neste vasto mundo, poderia interessar o fato de que o dono daquele BMW gosta de fisgar peixes. O pior é que adesivos com intenções autobiográficas nem sequer alcançam o objetivo personalista. O seu usuário, querendo tornar-se foco de atenção, dissolve-se numa confraria.

Numerosa é a confraria dos indivíduos que vivem fazendo anúncios de si mesmos. Contam sua rotina diária, explicam manias, riem desbragadamente das piadas que eles mesmos contam. Tudo isso provém da vaidade, um dos mais aborrecidos sentimentos humanos. Claro que não me refiro ao orgulho compreensível de quem faz as coisas certas, nem ao prazer que tem uma pessoa de saber-se culta, inteligente ou criativa. Falo do paroxismo da auto-estima, do alarde constante, em boca própria, das supostas qualidades pessoais. Encaro esses tipos diariamente, pois trabalho numa universidade. Ali, como em qualquer academia do mundo, todas as tentativas de suicídio teriam desfecho fatal se as pessoas se atirassem do alto dos seus egos. Já ouvi de um professor, a propósito do departamento em que atua: "sou o melhor de lá". Disse-me assim mesmo, na lata, sem rodeios. E pôs-se a fazer uma auto-avaliação não solicitada, atribuindo a si mesmo virtudes intelectuais jamais suspeitadas por seus pares e alunos. O melhor negócio do mundo, na feira das vaidades, seria comprar esse cara pelo preço que ele realmente vale, e depois vendê-lo pelo preço que ele acha que vale.

A feira das vaidades é muito freqüentada pelos acadêmicos, mas jornalistas também armam ali suas barracas. Principalmente esses que fazem do denuncismo a sua bandeira de guerra. Julgam-se iluminados, donos e paladinos da Ética. Erguem e destroem reputações com uma falta de escrúpulos que faria inveja ao rei Chatô. O velho cacique da imprensa caluniava por dinheiro. Os seus discípulos de hoje caluniam por vaidade. Querem ser notados e temidos. Triste projeto de vida.

Patriotadas

O ministro Weffort, outrora um feroz internacionalista, empenha-se, com o apoio dos ministros militares, na reabilitação dos símbolos nacionais, principalmente o hino. Venho dizer ao ilustre brasileiro o mesmo que disse o português da anedota: "Me inclua fora disso". Não vou cantar o hino. Nem mesmo que me paguem cachê.

A letra da nobre composição é muito longa e rebarbativa para o meu gosto. Quando eventualmente canto alguma coisa, no banheiro ou no botequim, prefiro Adoniran Barbosa a Francisco Manuel da Silva ou Osório Duque Estrada, autores do hino. Não obstante arrepiar-me com a sua execução na abertura dos jogos do escrete, julgo incompatível com o meu temperamento entoar (ou desentoar) um negócio que fala em "verde louro desta flâmula", "impávido colosso", "florão da América" e "lábaro estrelado". Desculpe, ministro, mas essa retórica é demais da conta para mim.

Um capitão do Exército, meu carcereiro em tempos idos, quando eu era patriota, perguntou-me se sabia o hino de cor e respondi que de jeito nenhum. O bravo guerreiro subiu nas botas, fez um sermão, chamou-me de subversivo, ameaçou prorrogar minha detenção. Eu lhe disse nas fuças, com o destemor dos meus dezoito anos, que ninguém, nem ele, era mais patriota do que eu. O capitão argumentou que o primeiro dever de um patriota é saber o hino e encerrou o debate. Receio que essa idéia do ministro Weffort traga de volta as idéias do capitão.

Fico a pensar o que o ministro vai fazer para ensinar o hino. Ele disse que precisamos repetir no Brasil as grandes festas da independência de países como a França e os Estados Unidos. Isso me parece, com todo respeito, uma sugestão meio primária para um ministro da Cultura. E o homem soltou mais outra pérola: "Muita bandeira nacional vai ser exibida, vai voltar para a sala do brasileiro". Sala de quem, meu caro senhor? Taí uma coisa que eu queria ver acontecer na casa dele, sabidamente um cavalheiro de certo requinte. Gostaria de apreciar o efeito do lábaro estrelado em sua sala de visita, substituindo quadro de Volpi, talvez a sua concessão única em matéria de bandeirinha.

O cargo de ministro não lhe dá o direito de interferir na decoração das nossas casas. Mas o pior, leitores, pode ser uma eventual contratação de Fafá de Belém para, em sucessivas cadeias de rádio e TV, dar aulas de canto cívico. A moça está ouriçada, segundo li nas gazetas. Já declarou que o hino vem sendo o seu maior sucesso em feiras agropecuárias. Está às ordens do ministro. É iminente a rede nacional com os trinados patrióticos. Teremos que ir à justiça contra essa invasão de domicílio?

Os jovens do passado

Já há quem chegue aos trinta anos sem ler um livro. Assim são os dias que correm na terra de Machado de Assis. Em compensação, no mesmo segmento em que isso acontece – a classe média alta – um moço ganha carro próprio aos dezoito anos e domina todos os segredos do computador em matéria de videogames. Entretanto, inconformado chefe de família, na juventude atual há mais vitalidade e alegria do que em teus remotos e verdes anos. Eras melancólico, imitavas James Dean, choravas em segredo. E a literatura que preferias, embora de qualidade, estimulava toda essa vocação para o desgosto.

Os jovens do passado, mal saídos da adolescência, já usavam gravata. Ouço queixas de um amigo que tenta aceitar o brinco na orelha do filho dessa mesma idade e a inesperada gravidez da filha solteira, aos dezessete. Ambos, cheios de vida, participam inteligentemente da conversa. Nenhum traço de remorso no rosto da moça ou de efeminação no gestual do filho, cujo brinco foi presente da bonita namorada que o acompanha. Eles não gostam de ler, mas é nítido que gostam muito de viver.

Além da maldizerem os usos e costumes da mocidade atual, os jovens do passado geralmente são muito rígidos em seus juízos de valor. Ler ou não ler – eis a questão maniqueísta que muitos formulam para avaliar a curiosidade intelectual dos *teen*. Ora, em primeiro lugar, para saber se os criticados de fato esnobam as chamadas coisas do espírito, é preciso levar em conta outras artes, além da literatura. Também são indicativos de sensibilidade ir a espetáculos de música ou teatro, ouvir discos e retirar vídeos da locadora. Embora eu prefira livros, não posso prescrever essa regra excludente para o meu filho. Em segundo lugar considere-se que gostar de ler não é devorar um livro atrás do outro, como *se* fazia antigamente. Dois livros por ano, eis uma ração de bom tamanho. O sujeito que come uma feijoada a cada semestre necessariamente não se mostra refratário a esse prato.

Os jovens do passado têm de fazer algum esforço para desempoeirar a alma e compreender os jovens de hoje. Vale o vice-versa, pois igualmente não se pode aceitar a ridícula submissão de pessoas de meia idade a certas juvenilidades petulantes e insensatas do nosso tempo.

A civilização ideal? Aquela que não discrimina o idoso, nem o jovem. Enquanto não se chega a esse estágio, vamos treinando dentro de casa. Que a meninada não se julgue dona da verdade apenas pelo fato de ser jovem. Quem disse que é uma virtude ter dezoito anos de idade? Hitler também teve. Adolf Hitler, um jovem do passado.

Pelo telefone

A célere mutação das modas e costumes exige, para acompanhá-la, um fôlego que não tenho. O telefone celular, por exemplo, já não é mais aquele. Antigamente, além de ajudar imbecis a exibir *status* em restaurantes, servia para que os seus donos fossem localizados onde estivessem, mesmo no trânsito de São Paulo. Foi assim até que alguém julgasse interessante acoplar ao aparelhinho uma secretária eletrônica. Isso anulou completamente o seu poder de alcance e utilidade.

Dia desses precisei falar urgentemente com um amigo. Tentei o escritório, ele não estava. Ou, como disse a secretária Vera Lúcia, "não se encontrava". Respondi: "quem *não se encontra* está desaparecido, talvez seja o caso de chamar a polícia", mas a moça não entendeu.

Acionei o número do celular. A voz dele, toda empostada, com fundo musical, informou-me que naquele momento era impossível atender-me e que deixasse recado. Ora, para isso eu não precisava discar o número do celular. Teria deixado recado com a Vera Lúcia.

Depois disso, leitores, aconteceu algo fantástico. Voltei a ligar para o escritório dele e ouvi uma gravação: "Aqui é Vera Lúcia. No momento não posso atendê-lo. Grave mensagem após o bip". Parece incrível, mas as secretárias estão usando secretária eletrônica em escritório. E não era escritorinho de microempresa não, era da Editora Abril.

Nada mais frustrante, para quem telefona, do que ouvir uma secretária eletrônica. E a frustração é maior ainda quando as pessoas procuradas deixam gravados textos que supõem criativos. Uns gravam trechos de suas músicas favoritas, antes de anunciar que não estão em casa. Outros querem demonstrar senso de humor e fazem piadinhas infames, até trocadilhos. E há os que usam a oratória de estilo parnasiano: "O viver só me obriga a usar esta máquina etc. etc.". Um horror somente comparável ao estilo direto e ríspido que alguns utilizam para mostrar objetividade: "Alô, fale após o bip e seja breve!".

Tenho amigos que, mesmo estando em casa, usam secretária eletrônica. Alegam que precisam "filtrar" os telefonemas e evitar os chatos. Como se fossem astros de TV ou personalidades públicas, assediados por milhares de admiradores. São apenas criaturas metidas – eis a verdade dos fatos. Para um deles deixei o seguinte recado: "Aqui é o Sílvio Santos, você acaba de perder 300 mil reais porque não atendeu a chamada!" Uma voz aflita respondeu imediatamente: "Alô, alô, Sílvio!!!" Desliguei cruelmente e fui para Miami com a Íris.

Excluídos do sucesso

"Alegre
Como uma bailarina velha
Aplaudida de repente..."

Este verso, que não sei de quem é, parece-me uma feliz definição de alegria. Haverá melhor? O fato de não saber o nome do autor (Schmidt?) dá-me um certo remorso. Li o poema, retive a estrofe, esqueci o nome do poeta. Uma injustiça contra os artistas. Mais uma.

Tirante os pobres, não há segmento mais sacaneado. Em mil artistas, pouquíssimos chegam ao estrelato. Acabo de ouvir no rádio a entrevista de uma cantora com dez anos de estrada. Estava lançando o primeiro disco, visivelmente nervosa, quase implorando que os ouvintes comprassem o CD. Intérprete de primeiro time, a julgar pelo trecho de canção gravada que abriu a entrevista. Certamente, porém, continuará no banco de reservas, vítima das regras vigentes na indústria fonográfica. Já trabalhei na área e sei que ali o jogo é bruto. Uma loteria viciada.

Conheço vários compositores de grande talento, com qualificação para deslanchar logo no início da carreira, há vinte anos. Até hoje estão vivendo em quase anonimato. São os excluídos do sucesso. Sobrevivem cantando um bares e *shows* de escasso público. Ou nos bailes da vida, em troca de pão, como disse Fernando Brandt. Quem é boêmio sabe quantas vozes bonitas e desconhecidas ecoam na madrugada. Cantando para platéias desatentas ou, quando atentas, querendo apenas dançar – o que é uma desfeita para os cantores da noite. Eles querem ser escutados. Trabalham com a secreta esperança de que apareça no bar algum produtor que faça o tão sonhado convite para finalmente gravarem seus discos. Passam, nessa espera inútil, os melhores anos de suas vidas. Embranquecem os cabelos, ficam roucos, ganham rugas, mas não desistem. É claro que houve milagres nesse processo. Daniela Mercury, Elis e Alcione começaram do mesmo jeito e ainda jovens foram salvas da obscuridade. Figuram, na história do *showbiz*, com exceções que apenas confirmam a injusta regra geral.

Ontem à noite cruzei com Zequinha, veterano pandeirista que tocou no regional de Caçulinha, Evandro e outros mais. Está chegando aos setenta. Disse-me à queima-roupa, com aquela malandragem dos boêmios espertos: "Vou fazer cinqüenta anos de música. Você me prometeu uma reportagem. Estou às ordens". Jamais prometi nada a Zequinha, mas fiquei firme: "Bodas de ouro, hein?" Ele riu, lembrou o primeiro *show*, em 1946, na Rádio São Paulo. Repetiu que estava à espera das homenagens: "Pandeirista não grava disco-solo, eu só queria uma festa, uma reportagem, um agrado qualquer". Despediu-se, foi tomar seu ônibus para um subúrbio distante. Eram quatro horas da manhã. Como um Zé Marmita às avessas, ele voltava para casa.

Fascismo
explícito

Resenhista é aquele profissional de imprensa que escreve sobre livros, discos e *shows*. Ele não faz exatamente uma crítica e sim um breve comentário, geralmente desfavorável, a que se chama *resenha*. Jovens resenhistas de discos, exceto pouquíssimos, fazem o gênero destrutivo. Não gostam de nada. Detestam particularmente compositores que emocionam seus ouvintes. Consideram o sentimento uma perversão da arte.

As letras das canções, argumentam os jovens resenhistas, devem ser enxutas e sem o mínimo vestígio de sentimento. Para eles o melhor letrista do mundo deveria ser o poeta João Cabral, caso gostasse de música. O poeta Vinícius, nem pensar. Resenhistas jovens não choram, nem deixam chorar. São, antes de tudo, uns fortes. Abominam músicos cuja obra conduza os indivíduos a expelir esse líquido impuro e denunciador de sua fragilidade emocional – a lágrima.

Bem, sou do tempo dos boleros, não posso concordar com estes rapazes. Se os leio às vezes é porque desejo saber do que não estão gostando para eu gostar. Até hoje não errei uma. Se acham que o disco de fulana tem defeitos, vou correndo ouvi-lo e descubro que os tais defeitos, para mim, são as suas principais virtudes. Foi o caso dessa menina, Vânia Bastos, uma das maiores cantoras brasileiras. Gravou um CD com canções de Tom Jobim, que é um favor da arte, uma gentileza da vida para conosco. Pois um desses jovens patetas fez restrições e logo outro, para imitá-lo, repetiu a crítica. Cacá Rosset, em sua coluna aí da página vizinha, indignou-se com a injustiça. Fui ouvir o CD e concordei imediatamente com Cacá. O disco de Vânia é antológico. Ninguém interpretou melhor o nosso maestro soberano.

Resenhistas jovens gostam de aparecer, malhando artistas importantes. Lembro-me que um deles, na revista *Veja*, em tempos idos, arrasou um disco de Milton e, nas edições seguintes, também esculhambou os discos de Caetano e Chico. Depois das três malhações, escreveu matéria de duas páginas, repercutindo suas próprias resenhas. Fez o balanço de uma certa "crise de criatividade" que ele próprio inventara nas matérias anteriores. Bem, várias pessoas, que eu supunha inteligentes, vieram comentar comigo, em tom sério, que de fato a MPB estava em crise. E repetiram frases inteiras da tal matéria. Este é o perigo. Há pessoas que não pensam por si mesmas, reproduzem literalmente o que leram ou o que ouviram. A opinião do resenhista espalha-se com um rastilho de pólvora, compromete uma carreira construída com dignidade, talento e sacrifício.

Lembram de Flávio Cavalcanti, durante a ditadura, quebrando discos na TV? Pois estes jovens resenhistas estão fazendo um *replay* escrito daquelas cenas de fascismo explícito.

Vencemos?

Um amigo me disse que Armênio Guedes vai fazer oitenta anos e o pessoal da *Gazeta Mercantil*, onde ele trabalha, festejará o acontecimento. Quem é o aniversariante? Todo brasileiro que se envolveu com as lutas de esquerda nos anos 50/60 e adjacências conhece Armênio, pelo menos de nome, e sabe o que ele representa. É um intelectual de grande calibre que, desde a mocidade, entregou-se à utopia socialista, dentro da férrea estrutura do PCB. Quando o conheci, em situação contada mais adiante, fiquei a perguntar-me como pôde este homem afável e de ampla cultura sofrer tão longamente nos subterrâneos daquela sufocante organização.

Vi Armênio Guedes pela primeira vez no *reveillon* de 1995. Um grupo de velhos amigos se encontrava no

Rio para festejar a passagem do ano. Garibaldi Otávio teve a idéia de pedir emprestado o apartamento de cobertura de Carlos Luiz de Andrade, que o desocuparia, durante a semana, para descansar em Paquetá. O apartamento seria nosso por uma noite e, de quebra, teríamos largo espaço ao ar livre, no topo do edifício em Copacabana. Ali poderíamos assistir de camarote ao *show* em homenagem a Tom Jobim, a queima de fogos, a festa de Iemanjá.

O dia foi consumido em preparativos. Nossas mulheres trataram da ceia e das bebidas — enquanto retomávamos o papo saudosista, interrompido pela separação geográfica: uns no Rio, outros em São Paulo, Brasília, Recife. Todos cinqüentões, todos boêmios, todos egressos de uma certa União da Juventude Comunista, perdida no passado.

À noite, na cobertura de Carlos Luiz, o grande impacto da festa carioca. Mais de um milhão de pessoas em fluxo contínuo, a maioria levando flores para Janaína. O *show* havia começado. Junto com o bom *scotch* íamos bebendo canções de Jobim, nas vozes de Gal, Milton, Chico, Paulinho da Viola e Caetano. Um deslumbramento.

Foi nesse clima que apareceram Armênio Guedes e sua mulher. Feitas as apresentações, ele ficou ao meu lado. Revelou-se um senhor jovial e muito sereno. Chamou-me especial atenção o entusiasmo com que olhava a multidão lá embaixo. Um mar de gente em direção ao mar, carregando oferendas; outras ondas humanas, indo e vindo, no leito da rua.

Armênio estava ansioso pelos fogos de artifício. Parecia um guri. Alguém perto me falou que ele completaria em 1996 os seus 78 anos, em grande parte vividos na clandestinidade, prisões, exílios, derrotas amargas. E no entanto ali estava alegre, feliz, querendo ver a festa. Olhava para o relógio, sorrindo: "Falta pouco, falta pouco!"

Meia-noite. Espocaram incontáveis girândolas, do Leme ao Posto 6. Uma cascata gigantesca e luminosa despencou-se do Hotel Meridien. Os fogos de artifício formavam estrelas, cometas, lágrimas coloridas. O foguetório ensurdecedor nos obrigava a conversar gritando e ainda sobre aquela remotíssima juventude revolucionária. Quando, na girândola mais próxima, explodiu o último tiro, Garibaldi galhofou, de copo na mão: "Vencemos!" Armênio incorporou-se à gargalhada geral e ergueu animadamente um brinde ao novo ano.

Emocionou-me ver um homem daquela idade e com biografia tão densa empolgar-se com o que viria a seguir, enquanto nós tocávamos uma conversinha nostálgica, em torno de irrelevantes aventuras políticas do tempo que foi. Não, camarada Gari, não vencemos.

Brasileiros deslumbrados

A excelente Gioconda Bordon entrevistou na Rádio Eldorado um dono de casa noturna que iniciava apresentações de música ao vivo. Tendo ele citado instrumentistas brasileiros que iam participar dos *shows*, Gioconda perguntou se não pensava também em contratar intérpretes de música estrangeira. O entrevistado respondeu: "Mas esses músicos que vão tocar lá têm formação jazzística..." Disse isso como quem se envergonha e, aludindo ao jazz, procura melhorar o currículo dos artistas anunciados.

Ora, dentre os instrumentistas citados figurava o nome do grande clarinetista Paulo Moura, filho de Pedro Moura, carpinteiro e mestre de banda. Já aos treze anos de idade, Paulo tocava em festas e bailes animados pelo conjunto do pai. Iniciou-se profissionalmente nas gafieiras suburbanas do Rio de Janeiro. Formou-se pela Escola Nacional de Música, estudou contraponto com Guerra Peixe, tocou nas brasileiríssimas orquestras de Zacarias e Ari Barroso. Onde está a formação jazzística? Só mesmo na cabeça do entrevistado, que deve achar música estrangeira chique a valer. Exatamente o que Dâmaso Salcede, o personagem de Eça, achava do francesismo da burguesia lisboeta: chique a valer!

Um boêmio, amigo meu, quando estranha o gosto do *scotch*, costuma dizer humildemente: "O uísque é bom, eu é que não presto". Assim, por exemplo, agem os deslumbrados fiéis do *rhythm and blues*, quando alguém reclama de uma peça desse gênero sagrado. Abanando-se com a *Ilustrada*, eles sentenciam: "Você não entende de música!" Como se aquela peça não pertencesse a um gênero falível e fosse a própria Arte, a própria Música.

Conheço críticos musicais no Brasil que ignoravam Tom Jobim e só passaram a elogiá-lo depois que Leonard Feather, do *New York Times*, apontou *Águas de Março* como uma das dez melhores músicas de todos os tempos. O prestígio interno de Jobim decorreu do seu renome no exterior. Somente quando aquele LP com Sinatra foi eleito nos EUA o "álbum do ano", ganhou o Grammy e encostou na vendagem dos Beatles (*Sgt. Peppers' Lonely Hearts Club Band*) certos deslumbrados aqui no Brasil passaram a reconhecer-lhe o imenso talento.

O estrangeirismo é pernóstico. O estrangeirismo é tão fascistóide quanto o nacionalismo. É igual a todos os *ismos* que emburrecem e bitolam a humanidade. Muitos brasileiros, quando gostam de alguma coisa, exclamam esta pérola do jeito Miami de ser: "Coisa de Primeiro Mundo!" Para eles tudo que é do Primeiro Mundo é ótimo. Incluindo talvez assassinatos no Central Park e bombas no metrô de Paris.

Jeito mineiro
de ser

O companheiro no restaurante ergue a voz, numa empostação de tribuno: "Eu não faço concessões!" Se estivéssemos falando sobre questões éticas, tudo bem. Mas o assunto não justificava tamanho berro de intransigência. Tratávamos da permanente cordialidade de amigos comuns que, segundo meu inflamado interlocutor, "viviam fazendo média". Repetia, possesso: "Não sou mineiro, não sou mineiro!", naturalmente querendo dizer com isso que os mineiros costumam dobrar-se em adulações a torto e a direito. Para contraditá-lo estive a ponto de citar Tiradentes e Betinho, mas deixei pra lá.

Chegando em casa fui reler umas cartas do paulista Mário de Andrade para o mineiro Carlos Drummond, reunidas no livro *Lições do Amigo*. E lá encontrei o sábio conselho de Mário quando Carlos, rapaz imaturo, em 1926, pretendia se demitir de um jornal porque não se dispunha a contemporizar em questões menores. Nesse caso foi o paulista que sugeriu uma atitude conciliadora. Escreveu: "Carlos, cuidado com o *Diário de Minas* hem! Grude nele fazendo, como redator, é lógico, as concessões indispensáveis pra sustentar o lugar. Isso não é feio não, Carlos, e não é pra desculpar coisa nenhuma que hoje cheguei à convicção de que a gente fazendo pequenas concessões humanas consegue muito mais do que sendo inflexível. Tenho posto reparo estes últimos tempos numa coisa engraçadíssima: tem atualmente no Brasil uns vinte milhões de indivíduos esperando uma concessãozinha só da gente pra gostar de nós. A gente concede um pedacico e pronto, o sujeito concede quantos pedaços a gente quer. Barganhas, meu caro..."

Não vejo qualquer fraqueza moral nessa observação de Mário de Andrade. Pelo contrário. Ele defende a brandura nas relações humanas e isso é bonito. Desconfio de quem vive alardeando intransigência. É sempre bom lembrar que Fernando Collor elegeu-se presidente adotando um discurso intransigente.

Mineiros não são fazedores de média, como rezam os clichês. O que eles têm é um jeito peculiar de fazer política e dificilmente usam insultos no debate. Polemizam com firmeza, sem resvalar na lama da ofensa pessoal. Certo matutino de Belo Horizonte, na década de vinte, publicou matéria criticando o governo estadual. No outro dia o jornal situacionista reagiu com um artigo sob o título "Palavras Peremptórias", defendendo o governo. Essas "palavras peremptórias" tiveram grande repercussão e provocaram uma réplica oposicionista, igualmente fogosa. Título da réplica: "Palavras não menos Peremptórias". Isso mostra que os mineiros decidem suas rugas (peremptórias, às vezes) com palavras elegantes, jamais com outras armas.

Resgate da
cidadania

Professores dos colégios de elite, falando ou escrevendo, costumam enfeitar o estilo com as mais novas pérolas do civismo nacional. Dentre elas, a expressão "resgate da cidadania", que eu não agüento mais de tanto ler e ouvir.

Não satisfeitas como usuárias desses jargões, as mestras querem motivar seus alunos a repeti-los. Lá em casa, Flávio, quando estava no ginasial, fazia exercícios escolares em torno da retórica em voga. O moleque se virava sozinho ou recorria à orientação da mãe, serena criatura que ainda não tinha chegado aos cinqüenta, a idade da impaciência. Ainda bem que não pedia a opinião do pai, porque se eu tivesse que fazer um texto sobre o tal "resgate da cidadania" começaria dizendo que "a família de dona Cidadania de Souza pagou o resgate exigido pelos seqüestradores etc." Com o mote "A Ética na Política" eu não hesitaria em dizer que "Dona Ética Onaireves resolveu entrar na política e será candidata à vereança em Canapi, atendendo ao clamor das ruas". "Clamor das ruas" também não agüento mais. Já para comentar aquele problema surgido no setor têxtil que vem gerando queixas dos compradores de camisas sociais, tenho esse título precioso, que me foi ensinado pelos editorialistas: "O Esgarçamento do Tecido Social".

Sou um homem de certa idade e, desde que o samba é samba, ouço falar nos valores embutidos nessas expressões que não passam de novas embalagens para velhos (e oportunos) assuntos da discurseira partidária: o comportamento dos políticos, os direitos individuais e os perigos criados pela miséria. A diferença é que tudo isso era falado numa linguagem menos rebuscada. Hoje as pessoas capricham no "academês" para verbalizar as questões mais triviais. Todo mundo está falando difícil. Centenas de Marilenas Chauís e Raimundos Faoros circulam pelos bares dos jardins ou de Pinheiros, recitando opiniões. Usando e abusando, por exemplo, da palavra "transparência". Ah, esse vocábulo fatal! É uma espécie de pomada maravilha, serve pra tudo.

Outro cacoete em alta é chamar o Brasil de "este país". Na TV os líderes sindicais, de língua presa (ou solta), macaqueiam os acadêmicos: "Queremos transparência *neste país*". Execráveis locuções do tipo "a partir do momento", "até que ponto", "eu me pergunto" e "na medida em que" só estão perdendo em recorrência para o indefectível verbo "questionar". Como se diz no Planalto, a culpa é dos jornais. Não se pode negar que a mídia impressa foi a principal difusora desses clichês. Deveria, como penitência, interditá-los em seus manuais de estilo. Um deles pelo menos. "Resgate da cidadania", nunca mais.

Cuidados com
a gramática

Não é somente o povão que maltrata o idioma. Maneirismos de linguagem grã-fina jamais disfarçaram solecismos. Muitas vezes li e ouvi erros elementares cometidos por pessoas que freqüentaram ótimos colégios e academias. Algumas estudaram na Suíça. Digamos que tiveram uma educação acima de suas possibilidades.

A ralé falando errado não surpreende. De vez em quando até gosto de escutar. Aí estão os sambas admiravelmente mal escritos de Adoniran Barbosa. Um completo desconhecimento de preceitos gramaticais ou mesmo do significado de certas palavras torna a fala popular muito expressiva e com uma lógica especialíssima. Um compadre meu, homem pobre e quase analfabeto, enviou-me este bilhete, pedindo dinheiro emprestado: "Por favor mande a quantia de cinqüenta reais porque a minha situação é bastante *financeira*". Mané Garrincha cometeu outro erro antológico de português. Acabava de chegar da Copa de 58, coberto de glórias e abordado em toda parte pelos caçadores de autógrafos. Um repórter perguntou o que achava deste assédio. Resposta: "Autógrafo para o povo é muito bom, mas para nós não *somos*". Está no filme *Garrincha, Alegria do Povo*. Jóia.

O povo erra bonito porque não faz a mínima força para acertar. O deslize gramatical dói mesmo nos tímpanos quando é cometido com afetação. Isso acontece muito na baixa classe média, que procura falar *difícil* para demonstrar que é instruída. Maria Adelaide Amaral já escreveu sobre cacoetes das secretárias que atendem telefones para os seus chefes perguntando *quem gostaria, quem deseja* etc. Elas usam essa linguagem errada e grosseira pensando que estão sendo finas e falando bonito. Foi o caso daquela pernóstica e ignorante dona de pensão no bairro do Catete, Rio, onde morou Graciliano Ramos. Escandalizando o escritor, mestre da língua, ela gritava para os hóspedes, nas horas de refeições, três vezes por dia: "Podem descerem para comerem!!!"...

Muito pior do que falar ou escrever errado, porém, é adotar o estilo Jânio Quadros, rebuscando a linguagem para evitar erros coloquiais. A gramatiquice é inimiga mortal da clareza, virtude básica em qualquer discurso. Muito cuidado, jovens coleguinhas da escrita:

jamais prejudiquem a simplicidade pelo medo de ferir certos dogmas. O nosso idioma é cheio de regrinhas e quem as respeita em demasia acaba seu escravo. Quem escreve não deve esquecer a sábia lição de Luiz Fernando Veríssimo: "a gramática precisa apanhar todos os dias para saber quem é que manda no texto".

A vingança

Todo mundo tem de vez em quando umas idéias cruéis e este cronista não foge à regra. Hoje fiquei a imaginar cientistas sociais ou economistas sob minhas ordens, trabalhando numa redação de jornal e cumprindo leis que recomendam absoluta clareza no preparo de textos. Como poderiam essas criaturas escrever alguma coisa sem recorrer ao vocabulário rebuscado que usam obsessivamente, como um vício, em suas arengas? Eu lhes diria, brandindo furiosamente o *Manual de Estilo do Estadão*: Rapazes, eis aqui na página tal... só umas palavrinhas e locuções vetadas em definitivo!" E, cruelmente, desfiaria algumas pérolas de seu jargão, agora proibidas: parâmetro, alavancagem, a nível (de), equacionamento, direcionamento, implementação, instigante, maximização, monitoramento, otimização, patamar, posicionamento, questionamento... Eles quedariam na mais chapada perplexidade, imaginando como seria possível articular sequer uma frase que dispensasse tão preciosas miçangas de estilo. Eu exigiria, de imediato, duas laudas de vinte linhas / setenta toques para a meia hora seguinte e cravaria no relógio os meus frios olhos de chefe.

Sim, leitor, eu assim agiria num ato de punição e vingança. Porque os cientistas sociais, exceto pouquíssimos, abusam da linguagem rebarbativa e olham com supremo desprezo aqueles que escrevem ou falam de forma natural.

O excelente manual que o amigo Eduardo Martins elaborou me forneceria outros elementos para infernizar a paciência dos novos subordinados: "Tem mais o seguinte, negadinha: daqui pra frente, nada de termos estrangeiros!" E leria, em voz alta, a recomendação da página 59: "Nem todos os leitores saberão o significado de locuções como: *à clef, à outrance, struggle for life, et pour cause...*" Subindo numa cadeira, recitaria, sem piedade, outra severa proibição inscrita na mesma página: "Evite antecipar-se ao dicionário e partir para a criação indiscriminada de vocábulos, o que resulta em formas como cartelização, agudizar, desfavelização, literalizante, elencado e dezenas de formas semelhantes!".

Para terminar a reunião, abrindo o livrinho na página 53, eu proclamaria o fim dos modismos: "Vocês estão proibidos de escrever os verbos *colocar* (no sentido de abordar uma questão), *penalizar* (como punir), *praticar* (adotar preços) e *sinalizar* (como indicar ou projetar)!" Eles chorariam por dentro longas lágrimas amargas e marchariam para os micros como os condenados para a forca. Eu, hiena, cantaria: "Tirem as suas dores do caminho / que eu quero passar com o meu sorriso..."

A morte do caixeiro viajante

Certa noite, há muitos anos, pousei num pequeno hotel do interior do Brasil. Eu escapava do terror que se instalara em minha terra, logo depois do golpe militar. Estava preenchendo a ficha quando o porteiro quis saber minha profissão. Logo, na entrada eu lera uma legenda impressa em cartolina e pregada na parede: "Enquanto houver madrugadas, haverá viajantes". Inspirado nela, respondi prontamente que era um viajante profissional, vendia tecidos para as lojas do interior. O empregado do hotel aceitou a mentira. Disse-me, sorrindo, que os caixeiros viajantes faziam grande sucesso com as garotas locais, acrescentando outras dicas muito animadoras a respeito das conterrâneas.

Fui dormir pensando como eram românticas aquelas raparigas. Na província, cheia de tipos uniformes e banais, um homem que vive sempre a viajar é personagem conveniente às fantasias femininas. Planejei que no dia seguinte faria o *footing* na pracinha para ver as moças – o que infelizmente não aconteceu porque tive de sair às pressas, assustado com o patrulhamento ostensivo do Exército brasileiro em frente ao hotelzinho. Depois, muito depois, vim a saber que se tratava de um rotineiro exercício do Tiro de Guerra local. Se eu não fugisse tão precipitadamente, talvez ficasse noivo e casasse com uma gentil senhorita do município e fosse hoje um poderoso rei do gado. O funcionário do hotel havia comentado que ali moravam as morenas mais bonitas do Brasil. Disse isso com todas as letras e com uma convicção tamanha que eu acreditei piamente. Naquele tempo eu acreditava muito. Acreditava até mesmo que poderia mudar o país.

Bem, essa história toda foi saindo, mas o assunto principal é que ontem recebi tristíssima notícia em conversa de bar. Contaram-me que o teleshopping matou a profissão de caixeiro viajante. As fábricas não precisam mandar vendedores ao interior. Comercializam tudo pela TV ou via fax. Lembrei-me da sentença longínqua ("enquanto houver madrugadas, haverá viajantes") escrita na década de sessenta por um anônimo frasista de Feira de Santana, Bahia. Em 1998 as madrugadas ainda continuam, mas os viajantes estão desaparecendo.

Meus amigos Melquíades Cunha Jr. e Ricardo Galuppo, que são mineiros, acham tudo isso um grande exagero. Nos confins de Minas, garantem, os viajantes ainda trabalham e continuam fazendo a felicidade das moças solteiras. Mas acho que é fantasia deles. A sua Minas interior (como a do José) não há mais. Ali também já chegaram as imagens coloridas do teleshopping. Antenas possantes encurtaram distâncias. A paisagem das ruas foi desfigurada. Silenciaram os sinos das pequenas igrejas. Acabaram-se cafundós, quebradas, grotões. Gente que passou por lá me contou que nem os galos cantam mais.

Os intelectuais são feios

Se você almoçasse em restaurante universitário como faço quase todo dia, certamente concordaria comigo: os intelectuais são feios. Olhando em torno da mesa dificilmente se avista um bonito exemplar da espécie humana. Parece que a natureza compensou os pobres de espírito com a beleza física e destinou aos seres cultos, talvez para reduzir-lhes a soberba, olhos sem brilho, corpos desengonçados. Não digo que sejam monstruosos, mas lembro pouquíssimas exceções: Marilena Chauí, Vargas Llosa, Katherine Mansfield, Hemingway, quem mais? De feios, se fosse listar, encheria páginas e páginas. Tendo à frente, puxando a fila, Gertrude Stein e Otto Maria Carpeaux.

É verdadeiramente uma pena que as mulheres inteligentes não tenham, em sua maioria, os mesmos dotes das manequins e atrizes de telenovela. Todas as mulheres deveriam ser belas, principalmente as que nos cativam intelectualmente. Um dia destes conheci de perto uma senhora que muito admiro por seu talento. Fiquei triste com a sua triste figura. E consolei-me repetindo Bernard Shaw: a mulher, mesmo sendo feia, é bonita. Mas, como sabe o distinto cavalheiro, é indescritível o prazer de conversar com uma dama cuja qualidade mental corresponda plenamente aos seus encantos físicos. Algo assim como um estupefaciente benéfico à saúde ou uma cocaína sem contra-indicações.

Intelectuais geralmente casam entre si, o que contribui para a decadência estética da espécie humana. Os seus filhos já nascem de óculos e tendem com freqüência para o segmento dos poetas, o mais desproporcionado no clã literário. Já não há poetas bonitos como antigamente. Cecilia Meirelles e Castro Alves pertencem a um tempo morto. Mas, como eu ia dizendo, essa preocupação dos intelectuais em se amarem uns aos outros vem crescendo, em desfavor da beleza do mundo. Houve a heróica exceção do escritor Arthur Miller que se jogou de borzeguins ao leito de Marylin Monroe, mas infelizmente não houve filhos, nem a história registra outra tentativa de quebrar a corrente. Assim caminha a intelectualidade.

Contrariando Vinícius, dirão alguns leitores de espírito elevado que a beleza não é fundamental e que acham irrelevante o assunto destas notas. Ora, o jornal tem nomes ilustres para tratar de assuntos relevantes. Cabe-me, em contraponto, fazer as chamadas observações banais, às vezes também úteis para a compreensão do universo. Aliás, sob o presuposto de que a banalidade tem seu peso sociológico, essa questão da feiúra dos intelectuais foi até objeto de uma tese em Oxford. Reprovada, naturalmente. A banca encarou-a como ofensa pessoal.

Os donos
das palavras

Minha mulher, lendo um ensaio literário, sorri e comenta: "Sei que ele está querendo me dizer alguma coisa, mas não consegue ... não consegue!" O tal "ele" é o autor do ensaio. Pego o texto e experimento a mesma sensação de incomunicabilidade. O ensaísta não estabelece contato comigo. Operamos em freqüências diferentes. A sua linguagem é tão erudita que não me transmite absolutamente nada. Meu Deus, o homem fala em "situações metaenunciativas", "descrição acústico articulatória", "variáveis matizadoras do discurso". Desisto no terceiro parágrafo.

Ah que saudades que tenho dos textos cristalinos de Tristão de Athayde, Otto Maria Carpeaux, Álvaro Lins! Hoje, entre os críticos militantes, só nos resta a clareza de Antonio Candido e João Alexandre Barbosa. Eles valem por vinte, mas infelizmente não podem ficar escrevendo todo dia, em todos os jornais. Os outros, embora eruditos, não sabem escrever para o público. Escrevem uns para os outros.

Kléber de Almeida, quando era editor do suplemento cultural do *Jornal da Tarde*, contou-me que um dia o doutor Ruy Mesquita aproximou-se de sua mesa e disse mais ou menos o seguinte: "Kléber, vim apenas desabafar: tenho formação em letras, vivi toda minha vida entre livros, mas não consigo entender a linguagem cifrada desses críticos que andam escrevendo no meu jornal". Kléber contou o caso para confortar-me quando fazia a mesma queixa, em mesa de botequim. Vi, então, que estava diante de uma causa perdida.

Um acadêmico americano, Russell Jacoby, autor do livro *Os Últimos Intelectuais*, lamenta o desaparecimento do que chama de "escritores públicos", aqueles que repartem o seu conhecimento com a sociedade, através de uma linguagem comunicativa. E aponta a prosa de Edmund Wilson (*Rumo à Estação Finlândia*), como exemplar nesse sentido. Aproveita para desancar os colegas de academia que optaram pelo jargão universitário, tornando seus textos inteligíveis apenas para a confraria.

Russell pisa fundo no acelerador: alguns luminares das ciências humanas escrevem "difícil" para imitar a linguagem das ciências exatas. Complexo de inferioridade. Bobagem, diz ele, porque não há teorema que se compare a usar palavras com nitidez e criatividade. As ciências humanas, explica, têm o vernáculo entre os seus tesouros. Com ele se pode construir poemas, contos, romances. Renunciar a isso é um suicídio estético. Mas pode também ser uma forma de mascarar a falta de talento para escrever com simplicidade e clareza. Fingem que são donos das palavras. Apropriação indébita.

Sonhadores & Tecnocratas

Quando o Plano Cruzado estava no auge, ouvi no rádio uma entrevista do economista André Lara Rezende, filho de Otto Lara Rezende, finíssimo escritor mineiro, daquela boa safra que deu Hélio Pelegrino, Paulo Mendes Campos, Fernando Sabino. O jovem André, como sabem, foi um dos autores daquele plano econômico.

Na entrevista, esse rapaz ditava, pela enésima vez, a receita de uma indigesta sopa de letrinhas em voga naquele tempo: LBC, CDB, OTN, IPCR do B etc. Aí o repórter, para dar um toque mais humano ao depoimento dele, perguntou: "Doutor André, o seu pai fala muito do filho. O que pode o filho falar do pai?" Resposta, seca e grossa: "Nada. Este assunto não está na pauta da Diretoria da Dívida Pública".

Ora, Otto Lara Rezende foi um homem de espírito, artista superior, uma das refinadas inteligências do país. Eu esperava que o filho dele, acidentalmente famoso, tivesse palavras mais carinhosas nessa resposta. Como fazia o Chico Buarque, toda vez que se referia ao seu velho Sérgio. Mas o doutor André não é um homem de letras, como Chico. Ele é um homem de letrinhas empacotadas e outros signos da semiologia tecnocrática. Quis, por vício profissional, mostrar-se distante e pouco afetivo. Achou que pegaria mal para um Diretor da Dívida Púbica entrar em consideração dessa ordem. Pisou no tomate.

Até pode ser que o Otto, então vivo, compreendesse o gesto áspero do seu garoto. Os pais, em geral, compreendem mais os filhos do que os filhos compreendem os pais. Ouso dizer isso, mesmo correndo o risco de ser incompreendido por certos psicólogos modernos, gigolôs da juvenília, aferrados ao neoclichê de que os moços têm sempre o monopólio da razão. Lamento que o doutor André tenha agido dessa forma indelicada com o seu pai. Otto, que eu saiba, não era rico. Certamente encheu muitas léguas de papel, em livros e jornais, para que o filho freqüentasse bons colégios e universidades, viajasse, ganhasse títulos, acumulasse os conhecimentos que hoje aplica no que acredita ser a modernização do seu país. Modernização meio perigosa porque, junto com eventuais benefícios, também traz o risco de minimizar a importância dos sonhadores, gente que lida com material menos efêmero do que esse pacote de estatísticas no terceiro mundo.

A grande verdade, senhoras e senhores, é a seguinte: o que alguns economistas fizeram de bom na história da humanidade foi destruído por outros economistas. Tamanho foi esse faz-e-desfaz que, hoje, ninguém sabe mais quem fez o quê.

Às vezes, penso: tudo que existe no mundo moderno, em matéria de progresso material, teria talvez existido do mesmo jeito, independentemente das teorias econômicas. E muita coisa boa foi destruída por essas mesmas teorias. Em contraponto, tudo que os artistas criaram permanece intacto nos romances, quadros, poemas, palcos, telas, partituras. Uma forma de arte não destrói a outra. Picasso, cubista, não matou sua obra figurativa. E quem me garante que o tecnocrata heterodoxo de hoje não será o ortodoxo de amanhã, anulando suas próprias idéias? Um aprendiz dessas feitiçarias tecnocráticas declarou recentemente com a cara de pau que Deus lhe deu e a presidência aperfeiçoou: "Esqueçam tudo que eu escrevi..."

Variações sobre a TV

Tenho uma pauta para o *Fantástico*: está provado que o uso excessivo do controle remoto pode levar o telespectador a um estado preocupante de confusão mental. Recebendo, em rapidíssimos *flashes*, mensagens que não têm nada a ver umas com as outras, os vidiotas como eu misturam tudo e podem fazer na cabeça uma "edição" absolutamente surrealista.

Uma noite, há uns quatro anos, tendo passado horas clicando o controle remoto e tomando generosas doses de uísque, fui dormir com as seguintes conclusões: a) Lilian Witte Fibe será convertida pela média dos últimos quatro meses; b) alguém declarou que era preciso passar Boris Casoy a limpo, acho que foi Aristides Junqueira, com aquela voz de padre de telenovela; e) o dito Boris Casoy, cada vez mais parecido com Flávio Cavalcanti, disse que o seu salário é o triplo do que ganha um engenheiro da Petrobrás e que isso *é uma vergonha*; d) Antônio Carlos Magalhães, segundo o *Jornal Nacional*, modernizou ainda mais a Bahia inventando a timbalada: gravará um CD com a participação especial do jornalista Roberto Marinho e de sua esposa, dona Lily de Carvalho Marinho.

Dormi e acordei com estas informações ainda quentes na moringa. Fui trabalhar e não tive tempo de falar com ninguém a respeito. Voltei para casa aí pelas oito da noite e liguei a TV. Aconteceu, então, uma coisa extraordinária. Sintonizei a TV Globo e tive o maior susto da minha vida.

Cid Moreira estava na telinha dizendo assim: "Eu, Leonel Brizola...não cheguei aos 70 anos para ser um acomodado..." Seguiu-se uma tremenda porrada verbal na Globo e no Roberto Marinho, dita pelo homem-símbolo da Vênus Platinada. Ora, eu não tinha ouvido o começo da matéria esclarecendo aos telespectadores que aquilo era uma nota do Brizola mandada ler pela justiça, como direito de resposta. Já dei de cara com o Cid afirmando, bem sério, que tinha virado o Leonel. Logo depois o Cidão voltou a ser ele mesmo, e baixou o cacete no Brizola, informando que o Rio naquele ano estava pior do que a Bósnia.

Televisão é máquina de fazer doido, mas também de fazer dinheiro para os seus donos. O Sílvio Santos até

177

que se preocupa com a distribuição de renda, pois todo fim de semana fica gritando lá em Vila Guilherme: "Quem quer dinheiro?!!!" E sai jogando cédulas para as pessoas carentes. O mesmo não fazem Bloch, Marinho, Macedo e Saad. Por isso é que somos pobres. O Sílvio bem que podia juntar-se aos colegas e promover, em cadeia nacional, farta distribuição de verdinhas ao povo brasileiro, todos os domingos. Pois está provado que distribuir *tickets* de leite ou levar sacolas de alimentos não perecíveis aos *shows* de artistas de esquerda não resolve direito a questão social.

Animadores culturais

Trabalhador com jornada semanal de cinqüenta horas, venho denunciar a existência de uma categoria privilegiada, sem registro ou diploma, que abocanha impunemente, sem fazer força, boa parte da massa salarial do país. Refiro-me à fauna dos chamados "animadores culturais", com base principal no Rio de Janeiro e conexões em outros grandes centros urbanos.

Animador cultural, pra quem não sabe, é aquele sujeito desocupado que vive de modernos e engenhosos expedientes. Descola patrocínios e investimentos de empresas incautas ou cúmplices e fatura uma boa nota na promoção de eventos tipo "chegada do verão", "aniversário do samba", "semana da cultura urbana", além de outros ilusionismos. O truque não requer muito esforço: basta contratar um jornalista pra escrever os *releases* e um bagrinho anônimo que se encarrega da parte operacional dessas festas. Tudo a preço vil, pois cabe a ele, dono da "idéia", oitenta por cento da grana arrecadada.

A picaretagem ganhou um novo nome. Alguns até pronunciam delicadamente em francês: *animateur*. Isso dá *status* internacional aos praticantes e intensifica o seu trânsito social. Leio freqüentemente nas seções de futilidades da imprensa: "Marcaram presença no coquetel o ministro fulano, a modelo beltraninha e o *animateur* sicrano, que anunciou novos e vibrantes projetos para a temporada". Assim caminha a humanidade em nosso país, na década de noventa. Não há tempo ruim para um animador cultural. No inverno, comercializa o frio; no verão, fatura o calor; na primavera ou outono, qualquer modismo que pintar nos cadernos de variedades.

Não duvido que em breve as autoridades regulamentem a profissão e criem para ela um *curriculum* de ensino superior. Já não existe Faculdade de Turismo? Logo virão escolas de Animação Cultural, absorvendo milhares de vocações indefinidas. Não ficarei surpreso se forem criadas, em vários Estados, Secretarias de Animação Cultural Participativa. Será um jeito de certos governadores eleitos aproveitarem simpáticas mediocridades que prestaram serviços durante a campanha e não têm maiores qualificações para ocupar espaços já existentes no primeiro ou no segundo escalão.

Crônicas da Vida Boêmia

Um verdadeiro animador cultural não dá um dia de serviço a ninguém. Para ser bem-sucedido no ramo basta contar com o apoio de setores influentes da mídia. Isso não é difícil: como se sabe, há uma grande falta de assunto nas redações. Esperto, explorando a carência de notícias amenas, o herói sem nenhum caráter telefona para um colunista famoso e anuncia, por exemplo, que comer melancia na praia é o grande *must* do verão carioca, em substituição ao sanduíche natural. Acontece o inevitável. O que é hábito de farofeiro rapidamente vira mania de grã-fino na zona sul carioca. Logo pinta na praça uma *griffe* inspirada em melancias: maiôs, camisetas, saídas de banho, toalhas, brincos, bijuterias. A onda é passageira, claro, mas infinitamente lucrativa enquanto dura. O animador leva o seu prêmio, mordendo, em *royalties*, a fatia mais gostosa da melancia.

Sujeito bem falante, o forte do animador cultural é dar entrevistas naquele *talk-show* inteligente de fim de noite na TV. Ele é a estrela mais disponível para os produtores. Audiência escassa, em números absolutos, porém bastante qualificada. Pessoas que detestam novelas e outras banalidades do horário nobre são ouvintes cativos e multiplicadores de opinião. Muitas delas, no dia seguinte, escrevem colunas em jornais, fazem repercutir as entrevistas junto à classe média esclarecida e politizada.

Há também animadores mais discretos e politicamente engajados. Atuam fora do circuito da mídia e da moda. São funcionários públicos ou de empresas estatais. Bem pagos e sem obrigação de ponto, animam esotéricos projetos de participação social. Sua nobre missão: desenvolver, em associações comunitárias, o grau de consciência a respeito dos problemas na periferia.

Tenho amigas que integram essa confraria. Dondocas de esquerda, cheirosas e bem vestidas, chegam lá em Sapopemba, reúnem a peãozada e montam uma espécie de cirquinho bombril para "dramatizar situações do dia-a-dia popular". Gravam os debates, que serão depois interpretados em volumosas e inúteis teses de mestrado. As reivindicações eventualmente discutidas nesses simpósios jamais são levadas em conta pelas empresas ou Secretarias onde atuam estes animadores que recebem seus bons salários e se consideram devotados agentes do processo democratizante.

Érico
Veríssimo

Érico Veríssimo, escritor brasileiro, 34 livros publicados e traduzidos em vários idiomas, morto em 1975, após cinqüenta anos de vida literária. Acho que dizer uma poucas coisas que sei dele talvez seja mais útil do que descascar abobrinhas sobre Gore Vidal ou Doris Lessing. Para isso estão aí os resenhistas e críticos, gente ilustrada. Eu, como diria Érico, sou apenas um contador de lembranças. Suponho que um depoimento pessoal a respeito de personagem tão importante da vida brasileira ajude a compor o seu perfil humano. Por isso vou escrever o que se segue. E também porque eu acho que gente ainda é um bom assunto.

Fui a Porto Alegre em 1973 fazer uma pesquisa sobre a música regional gaúcha. Eu trabalhava numa gravadora que vinha realizando um mapeamento sonoro do país. Levava no bolso endereços de pesquisadores, musicólogos, personalidades culturais do Rio Grande. Inclusive este endereço, que nunca mais esqueci. Rua Felipe de Oliveira, 1415 – onde Érico morava. O escritor Paulo Duarte, amigo dele, tinha feito uma carta, pedindo que me ajudasse. Marcus Pereira, titular da gravadora, também estivera por lá, entregando uns discos que fizemos. Eu chegava para iniciar e expor o projeto, além de pedir o texto de apresentação, espécie de prefácio para a coleção "Música Popular do Sul". Pensava em um ensaio sobre o povoamento da região, hábitos, costumes, inclinações musicais. No mesmo dia da chegada, consegui que o seu filho marcasse uma hora para a conversa. Luiz Fernando avisou pelo telefone: "O velho te espera no fim da tarde, aí pelas cinco". Estremeci e explico porquê.

Érico Veríssimo, depois de Daniel Defoe com seu *Robinson Crusoe*, foi o primeiro escritor que li com entusiasmo. Entre os treze e dezoito anos, não perdia um livro dele. Seu estilo simples, direto (que alguns críticos apressadamente didáticos teimavam na época em rotular de superficial) despertou-me para sempre o gosto por livros. Tenho quatro filhos. Dois deles se chamam Vasco e Clarissa, personagens dos primeiros romances de Érico. Aí pelos dezessete anos, pensei: quando tiver filhos, dois nomes já estão escolhidos. Cumpri esse compromisso com a minha juventude. Por aí vocês imaginam com que emoção especial recebi a notícia de que estaria com ele, naquele mesmo dia, em sua própria casa.

Às cinco, cheguei lá. O escritor, para minha surpresa, veio abrir a porta.

– Como vai, fulano? – e disse o meu nome, com absoluta naturalidade.

Convidou-me a sentar, ofereceu cafezinho, e disse:

– Estou às suas ordens.

Érico Veríssimo às minhas ordens, pensei, considerando como as palavras gentis subvertem a hierarquia. Expus a que vinha. Todo o projeto, a importância que atribuíamos a um prefácio dele na coleção. Érico ouviu tudo em silêncio respeitoso, atentamente, sem um aparte sequer. Quando percebeu que eu esgotara o assunto, sorriu amavelmente:

– Acho que bates em porta errada, eu praticamente desconheço a música regional da minha terra. A única que sei de cor, e não gosto, é *Prenda Minha*. Seria um despropósito incluir-me nesse projeto, que é visivelmente sério, e não tem nada a ver comigo. Mas tenho de achar um jeito de ajudar você ...

Levantou-se, pôs-se a mexer na estante de sua biblioteca, separando livros e entrevistas que abordavam o assunto. De repente estava com um vasto material, interessantíssimo, de vários autores. Para meu espanto, pegou uma tesoura e começou a cortar nas revistas e livros todos os artigos que me interessavam. Calmamente, mutilava os volumes, punha um clip em cada grupo de páginas. Ia fazendo comentários: "Esse aqui é um estudioso sério, você pode confiar". Pôs todo o material recolhido numa pasta, entregou-me.

– Depois você lê com calma e poderá extrair boas informações. E gente mais qualificada do que eu. Aceitas outro café?

Na seqüência do papo ele declarou-me humildemente constrangido em não poder se engajar no trabalho que eu desenvolvia, e pediu-me que não considerasse a sua atitude uma desculpa esfarrapada. Poucas vezes vi um homem célebre comportar-se com tamanha cordialidade. Imediatamente agradeci todo o material que me fornecera, mutilando tantos livros e revistas, somente para me ajudar. Ele comentou:

– É o mínimo que posso fazer. Vocês estão fazendo um trabalho importante.

Eu já me preparava para deixá-lo em paz, quando me fez uma pergunta:

– De que região do país você é?
– Do Nordeste.
– Ah, mas você quase não tem sotaque. É curioso isso: eu também, gaúcho de Cruz Alta, tenho um sotaque meio neutro. Raramente falo "tchê"; essas coisas...

Contou-me que, tempos antes, conversara longamente com Ariano Suassuna e ficara impressionado com o sotaque marcantemente nordestino do teatrólogo.

– Até parece que ele se orgulha de falar daquele jeito arrastado, com sílabas a b e r t a s – riu. O telefone tocou. Era Marcus Pereira, perguntando se eu entrara em contato com ele. A voz de Érico:

– O homem chegou e muito bem chegado! Estamos aqui, proseando...

Voltou para continuar a conversa, como se estivesse diante de um velho amigo. Eu já estava inteiramente descontraído. O mito sumira e eu via diante de mim um homem simples, natural, espichando conversa. Foi com muito esforço, porém, que contei a ele que dois filhos meus, Clarissa e Vasco, tinham nomes de personagens dele. Percebi um rápido brilho de emoção nos seus olhos.

– Muito obrigado.

A conversa rolou uns bons momentos, até que minha timidez e minha educação triunfaram. Levantei-me para sair. Agradeci por tudo, ele mais uma vez desculpou-se por não escrever o texto. Foi levar-me até o portão e ficou batendo papo, até que aparecesse um táxi. Amenidades, coisas de velhos companheiros. Apertei sua mão fortemente, despedi-me, entrei no táxi. Escurecia em Porto Alegre.

O escritor Érico Veríssimo, 34 livros publicados e traduzidos em vários idiomas, cinqüenta anos de vida literária, ficou no portão, acenando, acenando, para a minha desimportante pessoa. Acendi um cigarro. E notei que minha mão estava trêmula e senti que aquela cena – Érico acenando adeus – ia ficar para sempre, como um filme, no meu pensamento.

Patrões de esquerda

Patrão de esquerda só é bonzinho até o dia 30. No fim do mês o holerith desmancha as ilusões. É quando os empregados percebem que o chapeuzinho vermelho, ex-palanqueiro das diretas, pode ser, em questões de grana, mais ortodoxo do que certos lobos de Wall Street. Mas, quem não trabalha diretamente com ele, fica sempre a impressão de que é um patrão dissidente, atípico, sem *esprit de corps*, aberto ao diálogo. Articuladores progressistas, em saraus de frente ampla, absolvem o seu pecado original com este paradoxo: "Coitado, nasceu rico". Um magnânimo *scotch*, noite adentro, vai regando a indulgência.

Patrão de esquerda paulista, hoje, mora na Cantareira ou condomínio fechado no Morumbi. Em apartamento repleto de quadros e livros, aparelho de luxo pós-guerrilha, abrigo ideal para revolucionários de salão, em busca do eixo perdido. Ele, o patrão de esquerda, só freqüenta bares que se intitulam "espaços culturais". Acha O Leopoldo um antro. O suplemento "Mais" é sua bíblia. Socializa-se elegantemente em *jeans* desbotados para igualar-se à juvenília e mostrar alguma identificação com a estética popular.

Ainda que bem conservado, o patrão de esquerda já está na perigosa curva dos 45 anos. Na década de sessenta, amou Che Guevara mais do que aos Beatles ou Rolling Stones. O tempo e o dinheiro dissiparam tais romantismos políticos. Mas, nos reencontros com antigos companheiros da Maria Antônia, ele omite habilmente as eventuais críticas. *Hay que endurecer-se pero sin perder jamás la ternura.* Escondeu a boina, exibe a estrela. Flerta com o PT.

Já tive patrões de esquerda. Um deles era dono de famosa cadeia de jornais nos tempos de Jango. Em 1964, um matutino regional da rede, onde eu trabalhava, foi fechado pelos militares. O dono se mandou para a Europa deixando um gerente no Brasil pra conversar com os empregados. Naquele tempo não havia FGTS e todos nós tínhamos indenização para receber. O gerente veio falar comigo e propôs uma espécie de pacto social: "O companheiro patrão está endividado, a gente precisa mostrar grandeza nessas horas, abrir mão do pagamento". Ponderei que eu também estava endividado e meus credores não aceitavam moratória. O gerente ficou perplexo com tamanha falta de ideologia de minha parte. Depois de muita negociação, consentiu em saldar o débito trabalhista, desde que em suaves prestações. Consegui receber uns trocados.

Patrão de esquerda é muito parecido com grã-fino de esquerda. Uma vez, em Paris, fui conversar com um deles. Missão política. Eu fazia parte de um grupo brancaleone que editava em São Paulo um jornalzinho clandestino, chamado *Resistência*, para denunciar crimes da ditadura militar: torturas, ladroagens, podres que a imprensa censurada não podia publicar. *Resistência* era um modestíssimo tablóide com quatro páginas, enfezado e mal impresso. Os editores se cotizavam para mantê-lo vivo. Um político exilado, meu amigo, achou que o projeto devia ser ampliado. Para discutir novos caminhos e levantar fundos, promoveu esse encontro com o tal grã-fino de esquerda que, na época, também morava em Paris.

Cheguei lá e já fiquei cabreiro com o luxo do apartamento. Expus o projeto, as dificuldades, os riscos. Mostrei exemplares do *Resistência*, fiquei esperando uma reação comovida, solidária, e principalmente o plano financeiro para salvar e ampliar o jornal. Aí o sujeito fez um discurso criticando as óbvias deficiências do nosso jornaleco e apresentando idéias para "enriquecer o seu conteúdo editorial". Idéias, aliás, absolutamente inviáveis. Ficou nisso. De apoio material não falou nada. No fim do papo, perguntei: "É só isso que você tem a dizer?" Ele respondeu que sim, essa era a sua contribuição. Repliquei que considerava tal ajuda perfeitamente útil, desde que ele, o grã-fino de esquerda, voltasse ao Brasil e arriscasse a pele, junto com a gente. Não houve ajuda.

Hoje, em relação a grã-finos de esquerda, tenho apenas uma pedra no meu peito. Chego a mudar de calçada quando aparecem essas flores de hipocrisia. Quanto aos patrões de esquerda, um conselho: prefiram o "patrão-patrão". Regras claras. *Not personal, only business.* Toma lá trabalho, dá cá o salário. Sem falsas afinidades ideológicas. É assim que deve ser.

191

Cidades do interior

O interior do Brasil, para mim, é um Brasil mais real. Nas grandes cidades quase tudo é animado pelos costumes de outras metrópoles do mundo. Aqui seguimos, dia a dia, ampliando nossa universalidade e ao mesmo tempo empobrecendo nossa identidade nacional. Cada um sabe o que isso acrescenta e o que subtrai. Rubem Braga, cidadão de Cachoeiro do Itapemirim, já disse: "Sou um homem do interior, tenho uma certa emoção do interior. Às vezes penso que merecia ter nascido goiano".

O interior de que vos falo não é aquele que encanta os turistas com igrejas seculares, casario colonial, patrimônios históricos. Não é Ouro Preto, nem Paraty, Alcântara, São João Del Rey. Falo das cidades quase invisíveis nos mapas: seu pequeno jornal, a única igrejinha, o pátio minúsculo, precariamente iluminado – porém com nítidas e faiscantes estrelas acompanhando o passeio dos namorados. Isso ainda existe, não estou fazendo literatura.

Literatura, neste exato momento, pode estar fazendo algum grande escritor desconhecido, sob a lâmpada nua de sua pequena casa, nos confins de qualquer cidadezinha matuta em São Paulo, Minas, Pernambuco, Rio Grande. O modesto comerciante Graciliano Ramos escreveu os primeiros livros nestas precárias condições, em sua remota Palmeira dos Índios, no sertão alagoano. Um anônimo farmacêutico, chamado Érico Veríssimo, rascunhou os primeiros contos em Cruz Alta, interior do Rio Grande do Sul. Não digam que esse tempo já passou. O poder da criação, em qualquer época, nasce na mente dos homens, não nos lugares onde moram os homens. Isso que a pedanteria chama de "provincianismo" gerou Faulkner, nos Estados Unidos. E Tolstói, na Rússia – aquele que disse: "Quem entende a sua aldeia, entende o mundo".

Do interior brasileiro vieram Glauber Rocha e Caetano Veloso. Vieram Carlos Drummond de Andrade, Portinari e Adélia Prado, que ainda hoje mora em Divinópolis, Minas, casada com um bancário e feliz com a filharada, fazendo seus doces caseiros e também fabricando o finíssimo biscoito de sua poesia.

A novidade, disseram Milton Nascimento e Fernando Brant, é que o Brasil não é só litoral. Eu gostaria de fazer uma reportagem sobre o que acontece neste largo e inexplorado território humano. Visitar acanhadas bibliotecas municipais, ouvir música nos alto-falantes, conversar com gente do povo, beatos e ateus locais, artistas anônimos. Talvez, leitores, recolhesse uma bonita estória. Senão para vocês, pelo menos para as crianças que estão aprendendo a conhecer sua Pátria pela televisão.

Sons de viola, sinos, novenas, quermesse. Quintais, lugares onde o sonho não acabou. Os filmes e discos e livros chegam com atraso, mas os jovens conversam, discutem mais, captam melhor as essências todas de cada página, música ou imagem. Carentes de informação, aguçam a sensibilidade, farejam, adivinham. Sozinhos, como os pássaros, aprendem a voar. A mocidade do interior amadurece mais depressa. No permanente corpo a corpo com as vicissitudes e prazeres, provam mais cedo o gosto da vida.

Quando Paulo Francis escrevia, de Nova York, suas catilinárias para provar que tinha deixado de ser brasileiro, eu ficava pensando em Mário de Andrade – o mais revolucionário intelectual brasileiro dos últimos setenta anos – , que jamais fez uma viagem ao exterior em toda sua existência e viveu mergulhado no Brasil, fuçando províncias, garimpando os diamantes brutos da fala popular. Em Guimarães Rosa, reescrevendo o imaginário sertanejo das Gerais. Em Villa Lobos, gênio saltimbanco, visitando cantadores violeiros e emboladores de coco em lugarejos, engenhos, fazendas. Para redescobrir o seu país e depois deslumbrar o mundo com os frutos de ouro colhidos nestas peregrinações.

Mãe na zona

Sei que é chocante um filho dizer isso de sua própria mãe, documentar tão deprimente fato em página de jornal. Muito mais chocante, porém, foi para mim ouvir a notícia pelo telefone transmitida por um irmão meu, que mora no Recife. Na noite de 18 de julho de 1975, ele telefonou pra informar que a nossa mãe, viúva de nosso pai, naquele exato momento estava dormindo num *rendez-vous* no centro da cidade e eu ele iria tomar providências etc. etc.

Para as leitoras menos informadas, esclareço que *rendez-vous* é o designativo que se dá aos apartamentos exclusivamente destinados a encontros amorosos. Há outro nome, igualmente sofisticado, como *garçonière* e mais um, meio sobre o chovinista: matadouro. Independente da denominação, porém, o fato é que tais apartamentos servem mesmo para que homem e mulher cumpram, na cama, o seu dever.

A princípio não entendi direito, pedi que meu irmão repetisse a notícia. E ele repetiu, friamente, com todas as letras.

Diante disso, talvez o leitor apenas resmungue: "Enfim, um fdp confesso". É possível que se escandalize até um pouco mais, tomando conhecimento de alguns detalhes da vida pregressa de minha mãe. Trata-se de uma bonita mulher, de 68 anos de idade. Sertaneja e católica. Devota de todos os santos. Militante da Pia União das Filhas de Maria e da Irmandade do Sagrado Coração de Jesus. Além de rezas miúdas, como ave-marias e padre-nossos, sabe de cor os responsos, ladainhas e outras preces mais complicadas. Casou virgem, tem hoje sete netos e até uma bisneta. E, no entanto, acreditem: minha mãe, naquela noite, como vou provar muito bem provado, estava dormindo em um *rendez-vous*.

Desliguei o telefone, transmiti o fato à minha mulher e filhos. O mais velho, Aluízio, que tinha então doze anos, perguntou displicentemente, entre um rugido e outro do sintetizador de Rick Wakeman: "Será que ela volta logo pra casa?" Respondi, tenso: "A gente nunca sabe".

Passaram-se dias e noites. Meu irmão não voltou a ligar. O telefone lá de casa, no Recife, estava quebrado. O dele, no escritório, sempre ocupado. Resolvi ligar para um amigo de família, Renato Carneiro Campos, testemunha ocular desse lamentável episódio na biografia de minha mãe. Renato confirmou, grave: "Ela continua lá".

Já meio habituado à situação, racionalizando na base do "é fantástico o *show* da vida", passei uma semana sem pedir notícias. Hoje, decorridos quinze dias, recebo uma carta de minha mãe, explicando os motivos de sua atitude.

Vou transcrever alguns trechos dessa correspondência íntima, porque tenho a esperança de que o leitor aprove a minha decisão de perdoá-la. Vejamos a carta:

"Querido filho, Deus Nosso Senhor que te proteja e cubra tua família de bênçãos etc. etc..."

Seguem-se algumas linhas sobre o viver longe dos netos queridos, da nora idem, do filho ingrato que não escreve, enfim essas coisas que diz toda mãe nordestina em cartas para São Paulo. E lá vem a explicação, no terceiro parágrafo:

"Como sabes, aconteceu uma desgraça. De madrugada, teu irmão chegou em casa falando que eu tomasse cuidado, aconselhando muito, e tal. Mas, como ele é muito exagerado, não liguei.

"Às 5h 30min da madrugada, a enchente chegou. Deu um metro d'água dentro de casa, cobrindo vitrola, televisão, uma loucura. Abandonamos a casa. Ainda estamos dormindo em um apartamento do centro, onde teu irmão vai montar um escritório".

Saiba o leitor que esse papo de escritório é mentira do meu irmão. Trata-se mesmo de um *rendez-vous*, alugado para os devidos fins.

Nordestinos em São Paulo

Leio uma publicação da ECA/USP com várias reportagens escritas por estudantes de jornalismo. O tema é a saga dos migrantes. Há depoimentos de intelectuais nordestinos residentes em São Paulo, mas principalmente daqueles anônimos viventes da periferia. Comove-me o testemunho de uma senhora que migrou em companhia da filha. Contando a estória, diz essa mãe-coragem que a sua menina, diante da miséria reinante no cafundó natal, assim propôs a retirada: "Mãe, vamos pra São Paulo, vamos *lutar* nossa vida". Não me lembro, em prosa brasileira, de registro mais bonito para o verbo lutar.

A onda migratória para os grandes centros têm vários intérpretes: antropólogos, sociólogos, romancistas, e até um vereador chamado Bruno Feder, autor daquele famigerado projeto que simplesmente proibia a entrada de nordestino em São Paulo. Muito já se analisou e escreveu, para o bem e para o mal, sobre os personagens desta humilhante diáspora. Nenhum intérprete do fenômeno, porém, saiu-se melhor do que Chico Buarque: "Eletrizados, cruzam os céus do Brasil / Na Rodoviária, assumem formas mil / São faxineiros, balançam nas construções / São bilheteiros, baleiros e garçons..."

A classe média feroz, que inspirou o projeto Feder, ignora Chico Buarque, prefere trilha de novelas. E atribui aos migrantes as piores mazelas urbanas, incluindo a violência. Grosseira inverdade. Os indicadores divulgados mostram que a maioria da população carcerária nasceu em São Paulo mesmo. Os nordestinos predominam mesmo é no trampo da construção civil.

Cidadãos laboriosos, vindo de oito Estados brasileiros, aqui são chamados indistintamente de "baianos", valendo a designação para tudo que é brega e mal acabado. Ofensas ditas cara a cara, sem metáforas, juntam-se às violentas privações do cotidiano, e no entanto eles não protestam. São muito calados esses migrantes, a menos que o Corinthians vença. Aí o seu grito de guerra traduz não somente a paixão pelo clube, mas também um desafio das muitas dores curtidas no silêncio das favelas.

A toda hora estamos a escutar as vozes do preconceito. Certo domingo no parque eu estava caminhando com a minha mulher quando outro casal, representativo dessa parcela raivosa da comunidade, passou por nós, xingando nordestinos que estavam fazendo algazarra na pista de correr. "São os conterrâneos dela...", rosnou o homem, referindo-se à então prefeita Erundina de Souza, na época uma espécie de Geny, por ter nascido na Paraíba e vencido eleição em São Paulo. O tipo que a hostilizava, bem vestido e arrogante, continuou falando. Felizmente marchava acelerado, e logo deixei de ouvi-lo. Mas as minhas pragas o acompanharam para sempre. Cultivo apenas uma intolerância: é a intolerância contra a intolerância.

Os garçons

Leio, por acaso, um livro admirável: *A Sociologia no Brasil*, de Florestan Fernandes. Em comovente capítulo esse grande brasileiro conta que não teria sido o sociólogo em que se converteu, sem o seu passado de pobreza quase absoluta e sem o conhecimento adquirido nas duras lições da vida. Ele iniciou sua aprendizagem sociológica aos seis anos de idade, quando precisou trabalhar, como se fosse um adulto, para ajudar sua mãe, lavadeira e empregada doméstica. Interrompeu os estudos no terceiro ano primário e só muito mais tarde, com pouco mais de dezessete anos, voltou aos bancos escolares. Passando até fome, antes que pudesse fazer um curso de madureza e entrar para a Universidade em que se tornaria grande mestre, Florestan mergulhou, como participante, no sofrido universo de engraxates, biscateiros e balconistas de padaria. Morou em cortiços, porões, quartos de aluguel. Foi garçom do bar Bidu, na rua Líbero Badaró, freqüentado pelos professores do Ginásio Riachuelo. De um deles obteve concessão para retomar os estudos, sob pagamento reduzido. Daí em diante, através de prodigioso esforço, tornou-se uma das forças mais vivas na comunidade acadêmica brasileira. Florestan Fernandes relata essas coisas sem ressentimento, vaidade ou demagogia. São páginas confessionais, de rara beleza formal, que explicam perfeitamente sua definitiva opção pelos oprimidos.

Esta trajetória do anonimato à glória, tangida pelo excepcional valor intelectual, me fez pensar nos garçons que não passaram de garçons, ao longo de suas vidas opacas. Nesses velhos senhores míopes, de cabelos brancos, passeando uma visível frustração pelos bares e restaurantes em decadência, no centro da cidade. Desiludidos, trôpegos, muito diferentes daquele triunfante *maître* de um famoso restaurante dos Jardins que proclamou na *Vejinha* estar recebendo, em gorjetas, um salário de príncipe.

Minha solidariedade aos garçons que tiveram outro destino e trabalham depois da aposentadoria para juntar uns trocados e há muito perderam aquela vivacidade dos que servem nos lugares da moda. Lugares que freqüentamos para ver e sermos vistos – hábito sem grandeza criado pelo nosso bom salário ou boa renda.

Crônicas da Vida Boêmia

Tenho vivido entre garçons, desde cedo, conheço a classe. Convivi com eles em restaurantes, bares, botequins, puteiros. Conheço garçons de festa, garçons de palácios, garçons de navios e aviões. Garçons de terra, mar e ar. Se fosse um tribuno, eu vos diria, leitores, que se trata de uma categoria assaz laboriosa. Como renego a palavra assaz e mais ainda a palavra laboriosa eu vos digo que os garçons, em geral, são uns caras fodidos. Eles trabalham de pé, pelo Brasil, marchando sem parar. Uns heróis da Pátria. Outros diriam que os heróis da Pátria são mais nobres que os meus. Tudo bem. Estamos numa democracia.

Mas, na categoria de garçons, como em todas as outras, há o trigo e o joio, se me permitem o lugar comum. Um bom garçom já nasce feito. Nem precisa fazer curso de Senac. O bom garçom é gentil, sem ser puxa-saco. Trata os fregueses com discreta cordialidade. Particularmente, detesto os respeitosos em excesso, desses que chamam todo freguês de doutor. Ou desses que ficam rondando a mesa e, quando a gente calmamente pega um cigarro, disparam o seu isqueiro mais rápido do oeste. Chatíssimos também são os desatentos, lerdos, que ressuscitam a lei seca e deixam a clientela sedenta, minutos a fio, implorando bebida. Um bar que freqüento em Pinheiros tinha uns garçons tão preguiçosos que os clientes cativos bolaram uma solução: contratar um garçom particular, que nem rico faz com motorista. O cara já chegaria paramentado, com sua própria bandeja, para servir exclusivamente ao grupo. A idéia só não prosperou porque o bar, em tempo, trocou a brigada.

Pior, porém, do que incompetência de garçom é incompetência de freguês. O freguês grosseiro com seu eventual servidor deveria ser expulso do bar, sem direito a retorno. Tenho assistido cenas que justificam essa expulsão. Principalmente nos fins de semana, quando os bares ficam repletos de amadores. Falo desses boêmios bissextos, engravatados, que saem para cumprir o ritual de comer e beber fora com as patroas. É assim, com esse paradoxo, que eles designam suas tristes mulheres submissas. Diante delas, supõem que pega bem descompor um garçom, mostrar valentia, descontar neles os desaforos que engolem dos patrões, durante a semana. Pobre gente.

Mas há, também, os freqüentadores letrados, que agem de modo semelhante. Contaram-me – não sei se é verdade ou lenda – que Paulo Francis, instado por Jaguar, foi um dia almoçar em modesto restaurante do Rio, famoso por sua comidinha simples e caprichada. O garçom, carioquíssimo, descontraído, aproximou-se da mesa e, pondo a mão no ombro de Francis, perguntou: "Então, amigo, o que vamos comer?" Ao que o fero articulista teria respondido: "Em primeiro lugar, tire a mão do meu ombro. Em segundo lugar, não sou seu amigo. Em terceiro lugar, não vamos comer. Eu vou comer e você vai me servir". Essa estória é contada entre risos por uns amigos meus, cumpinchas de Francis. Não vejo graça nenhuma. Vejo esnobismo, incompreensão da cultura boêmia do Rio, busca de originalidade pela grosseria.

No país dos Policarpos

Matérias políticas deveriam orientar o leitor para a compreensão de uma área chave da vida brasileira. Deveriam. A gente sabe que isso não acontece com a freqüência desejável, principalmente nas revistas semanais, que publicam as chamadas "matérias de análise". Nelas, para marcar a "isenção" do veículo, a editoria mistura de tal modo alfinetadas e louvores, que o texto final, pela ambigüidade, acaba confundindo inteiramente o juízo dos leitores.

Imaginamos uma situação e vejamos como seria tratada no estilo "morde/sopra" das revistas. O fato: o governador, Policarpo dos Anzóis, reduziu a zero o analfabetismo em seu Estado. A notícia:

"O governo Policarpo dos Anzóis, de acordo com inspeção feita pela ONU e órgãos nacionais competentes, acabou com o analfabetismo em seu Estado. O feito, que o credencia como excelente administrador na área de educação, aparentemente se deve ao deslocamento ilegal de recursos da área de saúde: os hospitais estaduais atravessam alarmante situação de penúria. Paralelamente às homenagens que vem recebendo no país e no exterior por sua vitoriosa cruzada contra o analfabetismo, Policarpo é alvo de piada corrente na capital do Estado: instruindo analfabetos, o homem teria agido rigorosamente em causa própria. Na próxima semana ele vai a Nova York onde receberá, com toda pompa e merecimento, um prêmio destinado pela ONU aos administradores em destaque por sua ações no campo social. Mas a assessoria de Policarpo, agilíssima em divulgar o evento, não soube explicar se as despesas de viagem (equivalente a duas casas populares e 35 cestas básicas) serão pagas pela ONU ou por uma empreiteira, hipótese investigada na Procuradoria Geral do Estado. Isso estraga o prazer de Policarpo, um campeão do Ibope, com 95% de aprovação popular ao seu governo".

Afinal quem é Policarpo, um refinado canalha ou um bom governante? – perguntaria o leitor da revista, em carta que seria reduzida a cinco linhas sem maiores explicações, além de um seco registro: "A revista mantém a informação divulgada".

Revistas semanais dificilmente elogiam sem reservas qualquer brasileiro vivo. Morto ainda vá lá, preferencialmente em desastre de helicóptero, infarto fulminante ou numa curva de Ímola. Mas, de coração batendo, ninguém presta. Cada matéria um verdadeiro IPM, disparando suspeitas a torto e a direito. Parece que moramos num país de pulhas e incapazes ou com 120 milhões de Policarpos – indivíduos cuja ambigüidade não dá margem a qualquer estima. As "matérias de análise" são assim. Dirão que isso é objetividade. Nelson Rodrigues classificaria como idiotice da objetividade.

Medíocres, graças a Deus

Não há como negar a importância das pessoas medíocres para o bom funcionamento da sociedade. São elas que cozinham, datilografam, atendem o telefone, dirigem táxis, gerenciam o sistema financeiro, movimentam o parque industrial, governam o país. As pessoas medíocres respondem pelos chamados serviços essenciais, graças a Deus. Os intelectuais, caso desaparecessem de repente, não deixariam grandes saudades. O país continuaria numa boa, pois a grande maioria da população não sentiria falta de livros, exposições e concertos — eis a dura realidade.

Depois de ouvir esta devastadora tese que me foi exposta, em mesa de bar, por um arguto defensor de paradoxos, fiquei a matutar como seria ainda mais confuso este mundo se os intelectuais ocupassem as funções práticas hoje exercidas com grande eficácia por indivíduos medíocres. Suponha, leitor, um garçom minimalista. Imagine a sua secretária discutindo Spinoza em pleno expediente e o motorista de táxi propondo questões a respeito da pintura construtivista.

Falando em arte, o tal defensor de paradoxos argumentou que a estética em toda parte não iluminaria o mundo. As artes, pelo excesso de exposição, perderiam seu encanto, que nem mulheres nudistas. A mediocridade é necessária, digamos, para o equilíbrio social, tal como a falta de educação. Quando ouvi este argumento, reagi: impossível admitir isso! Mas ele respondeu que impossível mesmo seria admitir que todos tivessem bons modos. Citou a torcida do Corinthians: renunciando ao palavrão, perderia a vitalidade guerreira, que é a sua magnífica natureza. Bem, ele ponderou, estamos perdendo o fio da meada, o que importa é defender a mediocridade, não a grossura. E prometeu para breve um ensaio sobre a grossura. A favor, é claro.

Estendeu-se em louvores à presença dos medíocres na TV brasileira. Convidou-me a supor que o Cid Moreira, então apresentador do *Jornal Nacional*, deixasse de ler o *teleprompter* e fizesse intervenções analíticas, de improviso. O ibope da Globo iria a zero. Disse mais: se os intelectuais dominassem a telinha veríamos, em lugar da escolinha do professor Raimundo, a escolinha do professor Bolívar Lamounier. Ensinando parlamentarismo, diariamente. Pense nisso, desafiou-me. Fiquei pensando. Ele dobrou a ameaça: imagine, num sabadão à noite, em vez dos trinados dos manos Chitãozinho e Xororó, poemas concretos declamados em dueto pelos irmãos Haroldo e Augusto dos Campos. Imaginei. E aqui estou, mergulhado em dúvidas, pedindo a opinião dos leitores.

A última fogueira

A idéia foi de Celso Rodrigues, meu primeiro professor de jornalismo. Graças a ele tem o leitor em suas mãos este suplemento especial do jornal *Vanguarda*, inteiramente dedicado a um dos maiores acontecimentos da história contemporânea, o São João de Caruaru – monumental festa coletiva que rivaliza com as pompas do carnaval do Rio e todos aqueles megaeventos de *rock* nas capitais do Primeiro Mundo. Foi isso, em resumo, o que me disse pelo telefone o amigo de infância Hugo Martins Gomes, sem conter o entusiasmo pela grande metrópole do agreste e suas glórias presentes ou passadas. Disse ainda o compadre que era meu indeclinável dever participar desta edição. Dever patriótico, visto ser Caruaru, como se sabe, um grande país.

Eis por que volto às páginas onde publiquei meus primeiros escritos, permitidos pelo suave liberalismo de Zé Carlos Florêncio, que Deus o tenha. Percorri, desde então, muitas léguas de papel, escrevinhando em jornais maiores, que entretanto jamais me proporcionaram aquele prazer das manhãs domingueiras na província, lendo minhas besteiras juvenis, em letra de forma, nesta mesma *Vanguarda*.

Hoje, séculos depois, exilado na Paulicéia cinzenta, fico imaginando a cintilante noite junina de Caruaru dos anos noventa, que infelizmente nunca vi. Perdão, leitores. Sou, neste espaço, um enviado especial ao passado. Repórter cinqüentão e grisalho, cansado de guerra, anotando reminiscências. No meu tempo, os festejos de São João eram modestos. Que me lembre, minúsculas fogueiras, fuás no chamado meretrício e baile no Intermunicipal, animado pela sanfona de Zé Tatu. Os alto-falantes de seu Lorega tentavam perturbar a calma noturna da rua da Matriz e adjacências, tocando Luís Gonzaga. Era tudo, quase nada. Mas era o bastante para o meu coração de rapaz.

São João de 1952. No bar de Duda, oito rapazes, quase imberbes, discutiam os destinos do mundo e sonhavam formas cruentas para libertar os proletários de todos os países, inclusive o país de Caruaru. Mas, principalmente, confidenciavam entre si as primeiras mágoas de amor, que supunham eternas, definitivas, insanáveis. Éramos todos imitadores de Humphrey Bogart.

Ainda não havia para nós James Dean, a nossa mais completa tradução. Este viríamos a imitar no Recife, quatro anos depois. As meninas do colégio das freiras, em nossa imaginação, eram dezenas de Ingrids Bergman e Laurens Bacall. Ah, desatentos produtores da Paramount Pictures, por que as deixaste casar, engordar, ter filhos, e até netos? "Nosso amor que não esqueço / e que teve o seu começo / numa festa de São João..." entoava Rinaldo Valença, enquanto sorvíamos goles de Pitu para esquecer essas ingratas que trocavam nossa fina sensibilidade pela conversa de uns pré-*yuppies* da capital. Quantos éramos naquela noite? Procuro enxergar, através da névoa do tempo: Hugo e Arsênio Gomes, Fernando e Mário Florêncio, Diderot Matos, Vital e Chico, Wilson Lyra, Carlos Fernando, Ruckert Ferraz. Com esforço também avisto, envolvido pela fumaça do seu eterno cigarro sem filtro, o rosto macilento de João Popoff, nosso filósofo e doutrinador. Que saudade desse outro João – por extenso João Belmiro Pereira – um ateu santo que também morreu pobre e jamais teve qualquer festa junina em sua homenagem...

Naquela remota noite de São João nosso grupo consumiu, em duas horas, quatro garrafas de cachaça – quase meia *per capita*, índice de bom tamanho em qualquer campeonato. Aí pelas três da manhã, terminou o primeiro tempo. Desconhecíamos então a receita de Tancredo Neves contra a dispersão das turmas coesas. Dispersamo-nos, todos, pela vida. Naquela madrugada foi quase geral a dispersão. Ficamos Arsênio Gomes, o poeta, e eu, que me julgava literato. Arsênio tomou a palavra: "Não temos futuro neste cidade. Ninguém reconhece o nosso talento. Diante de tamanha injustiça, digamos, um para o outro, todos os elogios que merecemos!" Aí começamos uma batalha de confetes em pleno São João. Eu dizia convictamente que Arsênio Gomes era o maior poeta jovem do Brasil e ele retrucava que Aluízio Falcão merecia um texto consagrador de Tristão de Athayde pela qualidade literária das crônicas na *Vanguarda*. Depois de outra meia garrafa e dúzias de elogios recíprocos, tiramos dos bolsos nossos textos e começamos a ler em voz alta para o garçom. O qual, pelo visto, compartilhava da indiferença geral pelo nosso talento. Bocejava, o estúpido! E fechou o bar, dando os trâmites por findos. Fomos para a zona.

Na espelunca de Maria Pequena, diante de duas putinhas pobres, continuamos o sarau etílico-literário. As garotas cochilavam, vez por outra despertadas por uma bomba que estourava nas proximidades. Foi quando Arsênio, farto daquele pingue-pongue de louvores, teve um súbito acesso de realismo: "Somos dois merdas", resmungou, com a minha plena concordância. O poeta rasgou e amassou a sua obra. Fiz o mesmo com a minha. Fomos para a calçada e ali depositamos nossos papéis. Arsênio acendeu um fósforo. Tocou fogo em tudo.

Enquanto ardiam versos e crônicas, o poeta sentenciava: "A posteridade não perdoará esse gesto de loucura!" E fomos caminhando, pela noite fria de junho, abraçados e cambaleantes. Pequenas chamas devoravam lentamente a nossa brevíssima glória literária. Foi a última fogueira de São João que vi em Caruaru.

Bruna

Tom Jobim costumava dizer que, no Brasil, "o sucesso é uma ofensa pessoal". Ator, músico, escritor, qualquer pessoa vitoriosa passa a ser odiada por alguns caras influentes ou ressentidos, como se tivesse, com sua vitória, praticado uma agressão contra esses caras. Bruna Lombardi é vítima desse preconceito. Paga o preço de sua beleza, do seu talento e de sua merecida glória pessoal. Vou logo esclarecendo que não é minha amiga, nem quero cortejá-la. Quero defendê-la porque me irrita a prevenção que circula em rodas ditas bem pensantes contra essa moça que traz o estigma de haver começado a carreira trabalhando, honestamente, como modelo de fotografia. Na bula dos pedantes, a origem é fundamental.

Conheci Bruna superficialmente, ela talvez nem lembre disso, na década de setenta. Escrevi anúncios e roteiros de comerciais para uma fábrica de material de escritório. O agente de fotografias me trouxe um *book* de modelos. Vi as fotos daquela mulher quase menina, serena, sem pose, e disse pro fotógrafo: "Vai ser essa". Era o tipo que eu queria para ilustrar anúncios e filmes, fazendo o papel de secretária. Noutra ocasião cruzei com ela na gravação de Galeria, um programa de entrevistas que havia na Eldorado FM. Passei rapidamente no estúdio, ela estava respondendo as perguntas com desembaraço e sem afetação. Interessei-me. Nesse mesmo dia saí do trabalho e fui comprar três livros que ela publicou: *No Ritmo dessa Festa, Gaia* e *O Perigo do Dragão*.

Li estes livros de uma só vez, junto com Nina, minha mulher. Deslizamos noite a dentro, pelos textos fluentes, cantantes, rendilhados como a prosa de Anaís Nin. Descobrimos sutilezas próximas de Mário Quintana, Adélia Prado, Cecília Meireles. Mas ali havia, principalmente, uns toques de ousadia e originalidade nos poemas que ela escrevia como fêmea, nua e destravada.

Não creio em poetas repentistas, a não ser quando se trata dos violeiros da minha terra. Os poetas que escrevem, antes de criarem sua obra, precisam de um alimento nobre que se chama leitura. Nos versos bailarinos de Bruna percebemos claros sinais de ensaios anteriores, treino, aplicação. Coisas que se aprende com os olhos postos, noite e dia, em páginas de livros, muitos livros. Toda boa escrita nasce deste gosto-vício da leitura. É a velha lição: escreveu, não leu... Só depois é que o poeta dispara sua inventividade, sua mágica, seu dom. É isso que o separa de um fazedor de versos.

Bruna é poeta definitiva, passada a limpo. Vimos isso claramente lendo, na paz doméstica, os meninos dormindo, todos os seus versos. Sentimos, tomando nosso Valpolicella Bola, que esta suave feiticeira sabe transformar em vinho toda a vida – esse rio cotidiano e aparentemente banal que corre diante de nós.

Quem me navega

Na Europa existem cafés e botequins centenários. Aqui é raríssimo um bar completar dez anos. Uma pena, pois os bares ajudam a contar a história das cidades. Paris deve muito do seu charme ao Deux Magots, Dôme, La Coupolle, Rotonde e aqueles outros, onde grandes artistas beberam, sonharam e conceberam muitas obras-primas.

Em São Paulo, a exceção fica por conta do Vou Vivendo, que passou dos treze anos de existência, desmentindo a tese de que a vida útil de um bar é no máximo de quatro verões. Lembro-me do convite para a sua inauguração, que me pediram para redigir. Entre outras coisas chamei Pinheiros, onde ficava o bar, de Ipanema paulistana. E até registrei uma pilhéria: "Não tem praia, mas em compensação não tem cariocas". Só podia ser brincadeira, claro, porque o Vou Vivendo trouxe para os seus *shows* memoráveis cariocas talentosos como Paulinho da Viola, Rafael Rabelo, Miúcha, Beth Carvalho e Nana Caymmi, entre dezenas de convidados.

O Vou Vivendo tirou umas férias e está voltando em 1998 para a felicidade geral da nação boêmia. Deixou o porto de Pinheiros, ancorou no Itaim. Todo bar é isso, uma espécie de navio. Parece fixo, *eppur si muove*, como disse um certo Galileu Galilei, de olho rútilo, depois da saideira.

Aos irmãos Altman, timoneiros de sempre, junta-se agora Paulo Amorim, capitão de longo curso. Temos no leme gente do ramo, iremos longe. Aqui a expressão *do ramo* transcende o jargão dos negócios. Amorim & Altman pertencem a uma categoria especial. São, antes de tudo, boêmios. Boêmios, da cabeça aos sapatos. Generosos, emotivos, bons de copo. Credenciais, para mim, definitivas. Não acredito em dono de bar abstêmio, vegetariano e praticante de tênis. Dono de bar que se preza deve manter com os notívagos uma forte afinidade psicológica. Dono de bar tem que ter uísque na veia.

Como nem só de bebida vive o homem, a cozinha do Vou Vivendo é atração que exige um parágrafo inteiro de louvação. Elenice bolou o cardápio bem do seu jeito, combinando, na justa medida, requinte e simplicidade. Harmonizam-se, também nos petiscos, o tradicional e o inesperado – coadjuvantes perfeitos para o melhor chope do Brasil. A brigada de garçons, regida pelo maestro Calixto, lembra o entrosamento de um certo time de futebol, em sua melhor fase. Não escrevo aqui o glorioso nome deste time, com medo da censura e para não brigar com os donos do estabelecimento, absolutamente equivocados na matéria.

O novo endereço do Vou Vivendo continuará sendo um ponto de encontro dos músicos, intérpretes e compositores. Não mais para cantar ou tocar, mas para conversar sobre o ofício, trocar informações, discutir. Boas falas. Vizinho do Tom Brasil, seu irmão gêmeo, o Vou Vivendo reúne a galera, depois dos *shows*, para afinar as idéias. Folgo em saber disso. É preciso que haja, nesta área cultural, um centro formador de opiniões – o que o Vou Vivendo vem sendo, há tantos anos. Eu, em matéria de MPB, jamais digo "li nos jornais". Digo que ouvi no Vou Vivendo. Parodiando o samba, não sou eu quem me navega, quem me navega é o *bar*.

Lembrança de
Antônio Maria

Antônio Maria morreu em 1964. A democracia brasileira também morreu naquele ano, mas ressuscitou vinte anos depois, graças a Deus e ao nosso povo. Antônio Maria, não. Continua morto, infelizmente. Logo ele, justo ele, que gostava tanto da vida. Certa noite deixou esse bilhete pro Zé Aparecido, depois governador de Brasília, com quem dividia um apartamento: "Zé: se eu estiver dormindo, me deixe dormir. Se eu estiver morto, acorde-me."

Num dos seus sambas de grande sucesso, ele disse: "Se eu morresse amanhã / minha falta ninguém sentiria / do que fiz, do que eu fui / ninguém se lembraria..." Errou, poeta. Eu me lembro. Tanto que estou escrevendo esta nota de saudade em São Paulo, uma cidade que mereceu quatro músicas suas. O Rio de Janeiro, onde você viveu desde a juventude, só ganhou três. Pro Recife, terra de nascimento, você deixou a linda herança de quatro frevos. E o restante da obra, você fez para as mulheres de sua vida. E fez muito bem. Mulher, segundo o sábio Vinícius de Morais, ainda é o melhor assunto.

Antônio Maria, dizem, morreu de solidão. Foi largado por Danuza, que decidiu voltar para o ex-marido Samuel Wainer. O poeta não assimilou esse golpe. O coração estourou. A versão correu pelos bares do Rio, onde eu morava naquele tempo. Não sei se é verdadeira. Sei apenas que honra o morto. Não é qualquer um que pode deixar epitáfio assim: "Morreu por Danuza Leão".

Esse pernambucano, como o paulista Paulo Vanzolini, jamais tocou qualquer instrumento. Compunha assobiando, enquanto anotava a letra. Além de compositor foi jornalista, produtor de rádio, locutor esportivo. Na Rádio Ipanema, transmitindo partidas de futebol, foi demitido exatamente pelo motivo que fez a merecida glória de Osmar Santos: saiu do clichê, inventou moda, criou expressões novas nesse tipo de irradiação. Os caretas não perdoaram.

Na *Última Hora* ele mantinha o *JAM (Jornal de Antônio Maria)*, que repartia com a coluna de Stanislaw Ponte Preta os maiores índices de leitura. Quem, com mais de trinta, não leu o *JAM*? Por causa de uma notícia irônica, ele foi agredido pelos capangas de Baby

Pignatari numa boate carioca. Brigou valentemente, mas teve suas mãos pisadas pelos agressores. No dia seguinte, escreveu uma frase que deve servir, para sempre, como divisa dos jornalistas agredidos no exercício da profissão. Com as mãos feridas, Antônio Maria desfechou este soco moral nos agressores: "Coitados, eles pensam que os jornalistas escrevem com as mãos".

Antônio Maria de Araújo, como Vinícius de Melo Morais, fez uma revolução no texto da canção brasileira. Antes deles, mesmo contendo alguma intuição poética, as letras de músicas eram simplórias ou grandiloqüentes. Faltava aquele jeito moderno de lidar com rimas ou palavras que eles descobriram e, vários anos depois, Chico e Caetano aperfeiçoaram. Um copidesque feito com emoção. Na vida, como na arte, Antônio Maria foi, antes de tudo, este espécime cada vez mais raro: um homem sensível. Falando nisso, cito de memória um trecho do seu diário: "Minha filha, quase menina, toca o seu piano. É um noturno de Chopin. Tenho que fazê-la forte, para correr os riscos de sua perigosa sensibilidade". Ele, Antônio, não foi suficientemente forte. Morreu de amor, aos 43 anos.

Irremediável neon

Certas pessoas adoram o que não entendem. Tenho amigos vidrados em Bienais de Arte, festivais de jazz e ensaios sobre literatura. Acham indecifráveis aqueles quadros de arte contemporânea, solos de contrabaixo e considerações acadêmicas em torno da intertextualidade. Mesmo assim, gostam. Como diria o filósofo Roberto Carlos Braga, são misteriosos os caminhos da paixão.

Ontem, numa festa descolada, ouvi de uma jovem senhora os mais ardentes elogios às "letras do Djavan". Ora, o Djavan é uma das minhas admirações musicais. Considero suas melodias de extraordinária qualidade. Mas as letras dele, vamos e venhamos, apenas dão suporte às melodias. São meros complementos vocais. Não querem dizer absolutamente nada. Por exemplo:

"A paixão, puro afã / Místico clã de sereia / Castelo de areia / Ira de tubarão ..." O que significa isso? E não digam que se trata de metáfora ou alegoria poética. Acho que ele gosta mesmo é de encaixar palavras e rimas em suas músicas, conforme a sonoridade, sem nenhuma preocupação com a lógica resultante. Usar essa técnica é um direito do artista. O que não compreendo é a emoção causada por uma letra assim. Se a moça tivesse elogiado a música, ok, maravilha. Mas ela referiu-se claramente às "letras do Djavan", em estado de êxtase. E citou esta pérola na letra de Sina: "A luz de um grande prazer / É irremediável neon ...".

Tenho, nas últimas horas, buscado aflitamente o verdadeiro sentido poético desse tal "Irremediável neon": Não consegui muita coisa. Achei apenas duas explicações. Das duas, uma: ou a minha sensibilidade não é suficiente para alcançar tão elevado nível de compreensão, ou realmente estamos diante de uma linguagem sem propósito, usada apenas para a rima e a sonoridade. A inflamada tiete quis convencer-me da primeira hipótese, ou seja, a de que o letrista é ótimo, eu é que sou ruim de entendimento. Perfeitamente. Pode ser. Ando cada vez mais desplugado.

Parece que Djavan sempre encarou a letra como aspecto secundário em seu vigoroso trabalho autoral. Daí talvez o sucesso dele entre cantores e músicos, cuja maioria não se preocupa muito com os textos que interpreta. Daí talvez o visível desleixo com as palavras, em favor dos sons. Não devia ser assim. Música e letra são fatores indissociáveis na qualidade da canção. Embora grande artista, por seu inquestionável talento em criar melodias e interpretá-las, Djavan seria melhor ainda se fugisse dessas abstrações de gosto duvidoso. "Irremediável neon" passa a idéia de um anúncio luminoso (de pizzaria) quebrado e sem conserto possível.

Chico &
Caetano

A arte provoca inveja. Pessoas sensíveis projetam essa inveja em forma de admiração pelo artista. Pessoas mesquinhas, em forma de agressividade. Quando li mais ou menos isso numa lúcida entrevista do ator Paulo Autran, logo me lembrei de Caetano Veloso e Chico Buarque, duas vítimas freqüentes do que se convencionou chamar de críticos musicais.

Não é nova essa conspiração de bicões, que Gabriel García Márquez definiu tão bem: o crítico, em geral, é aquele sujeito que se interpõe entre o público e o artista, sem que nenhuma das partes tenha solicitado a sua presença. Também já se disse que o crítico é aquele sujeito que escreve sobre o que não gosta. Villa Lobos, outro que em seu tempo foi arrasado por esses juízes sem legitimidade, externou esta queixa: "A princípio fui chamado de ignorante, depois de louco, o que já era um pouco melhor, depois de futurista e de tudo que termina em ista, menos de artista".

É um crime intelectual o que, vez por outra, a gente lê em torpedos venenosos contra esses dois grandes brasileiros que são Chico & Caetano. Caetano foi alvo de hostilidades na primeira fase de sua carreira, cabendo a Chico Buarque receber insultos na segunda fase. Ambos, em legítima defesa, devolveram as farpas. Na tréplica, foram acusados de não saber conviver democraticamente com as opiniões alheias. Uma cascata de hipocrisia. Nada é menos democrático do que um sujeito dispor de largo espaço na mídia, nele destilar o fel de sua inveja pessoal e, depois, vir posar de vítima do narcisismo dos artistas.

Vejo uma linda complementaridade na arte de Chico e Caetano, tão opostos no estilo e tão extraordinariamente afins no apuro estético. Jamais entrei no jogo sujo de exaltar um em detrimento do outro – maniqueísmo disseminado na década de sessenta e que, ainda hoje, mobiliza seguidores desprovidos de juízo próprio, repetidores das bobagens impressas nas resenhas.

Caetano e Chico estão acima dessa intriga de tietes. Enquanto as comadres tricotam, vão desenvolvendo uma parceria invisível, junto com outros artistas. Parceria que não se traduz em co-autoria de *hits* passageiros, mas na trama desta obra maior e definitiva que é a canção brasileira do nosso tempo. Enquanto as cassandras agouram, Caetano diz que Chico "é simplesmente o melhor de todos nós. E Chico diz que o que Caetano faz "é tão bom que me estimula a compor". Não se trata de pingue-pongue de rosas entre componentes de panelinha. Todos sabem que eles freqüentam grupos diferentes na MPB. Ambos, porém, circulam no planeta dos seres inteligentes, onde não há espaço para miudezas morais. Durante mais de trinta anos de carreira, ninguém registrou um gesto menor de um em relação ao outro.

Em matéria de música popular, desconheço outros nomes que simbolizem melhor a inteligência brasileira, nestas últimas décadas, do que esses dois. Se tivesse meios encheria muitas léguas de papel só para destruir, uma por uma, todas as chicanas dos seus acusadores. Disponho apenas deste canto de jornal, faço o que posso.

Pensando bem, talvez eles até dispensem esta advocacia. Chegaram a um ponto que não precisam apresentar, em nenhum tribunal, álibis, provas ou justificativas. Não se enquadram nas mil revoluções por minutos geradas artificialmente pela indústria cultural. São, eles próprios, revoluções autônomas. Suas antenas captam sinais que estão na mente das pessoas e não aqueles plim-plims emitidos pelo *business* fonográfico.

Chico e Caetano estão definitivamente imunes às conspirações para desestabilizá-los. Estão no mais pleno uso das suas faculdades criativas. Para usar uma imagem de Henry Miller sobre os verdadeiros artistas: "Eles deixam simplesmente cair seus frutos, como árvores maduras". Vamos, leitores, bem longe dos críticos, colher estes frutos.

Viva Maysa

Durante mais de trinta anos carimbaram Maysa como "cantora de fossa". Definição mesquinha, simplista, para quem foi uma das maiores expressões da canção popular brasileira em todos os tempos. Acabo de ouvir uma coleção da RGE que desmente o clichê e documenta a versatilidade, o talento fora do comum e a eterna chama vocal desta criatura especialíssima, fora de padrões, que a mão de Deus arrebatou naquele sábado, 22 de janeiro de 1977, em acidente de automóvel na ponte Rio-Niterói. Ele contava, então, 39 anos.

Maysa foi uma cantora-personagem, como Edith Piaff e Judy Garland. O seu temperamento, aguda sensibilidade e vida pessoal marcada por freqüentes lances infelizes contribuíram para a formação de símbolos que distorcem a sua biografia. Poucos ouviram adequadamente essa cantora e seu impressionante rendimento sonoro. Muitos olhavam Maysa para julgar suas desafinações com a vida.

Maysa foi uma estilista. O que cantava trazia *griffe*: voz trabalhada, extensão medida conforme as exigências reais de cada tema. Se fosse necessário, ela transpunha com desenvoltura os limites do intimismo, fatia maior do seu repertório. Quem a viu, com intenções estéticas e não de *voyeur*, naquele célebre *show* do Canecão (Rio) e Urso Branco (São Paulo), cantando *Light my Fire* e *Se Você Pensa* ou mesmo *Dia das Rosas* no FIC de 1966, sabe disso perfeitamente. Em 1972, em *show* de apenas meia hora na buate *Number One* (Rio), Maysa abriu inteiramente a garganta para recriar *Eclipse de Luna* e o samba *Adeus América*. Naquela apresentação histórica, chegou a dançar descalça, como Isadora Duncan, sem qualquer inibição. Deu risadas, beijou seus músicos, um por um, comentando: "Ninguém vai entender nada, mas é mesmo para ninguém entender, porque a classe artística é muito desunida". E soltou a voz até regiões imprevisíveis em *Vera Cruz*, de Milton Nascimento. Aos 34 anos, parecia uma garota. Cabelos soltos, roupas claras, gestos espontâneos. Uma nova Maysa – como diziam os jornais da época? Não. Apenas o lado solar de Maysa, subitamente revelado. Uma fase de felicidade estimulava o seu canto, sua performance de palco, seu largo coração de artista.

A arte, para Maysa, foi uma paixão que durou a vida inteira. Aos seis anos de idade já sabia tocar piano. Aos doze, compôs o seu primeiro samba, *Adeus*. No entanto, apesar do enorme sucesso de várias canções que compôs, o seu perfeccionismo fez com que declarasse enfaticamente: "Fiz 26 músicas mas não me considero compositora". E disse mais: "Gostaria que o público soubesse que ser cantora foi um acidente na vida de uma mulher que sempre sonhou ser atriz". Poucas vezes tentou realizar esse sonho. Trabalhou no espetáculo *Woyzeck*, de Georg Büchner em 1971 (Rio) e em duas novelas de TV. Seu desempenho de atriz foi surpreendentemente bom para quem desconhecia esta linda vontade encoberta. Marilda Pedroso, que dirigiu *Woyzeck*, testemunhou: "A personalidade de Maysa supre a falta de cancha. Um trabalho feito da raça, de violência impressionante e sensualidade total".

Maysa gostava de escrever e lia vorazmente. Escreveu duzentos textos e poemas, inéditos até hoje. Nos últimos anos de vida estava começando a pintar. Deixou dezenas de quadros. Pois esta criatura dotada de imensa curiosidade intelectual, extremamente sensível, inteligente e de uma cultural geral bem ampla, foi, um dia, pelas tramas do acaso, tomada em casamento aos dezessete anos, por um milionário paulista. A família do marido era uma das mais ricas do País. A mesma família que, dez anos antes, promovera deslumbrante festa de casamento para uma herdeira. Festa que durou três noites e três madrugadas, com duas orquestras de 150 músicos, e fez ocupar, somente de convidados, quatrocentos apartamentos de luxo nos melhores hotéis de São Paulo. Como se sentiu a jovem Maysa, de classe média, nessa gaiola de ouro em que a ostentação ofuscava os valores do espírito? Foi descoberta como cantora num sarau de grã-finos pelo produtor Roberto Corte Real e tendo gravado seu primeiro LP (que imediatamente virou *best-seller*), a família mandou-a destinar toda a renda do disco a uma entidade beneficente. Assim, o trabalho da artista Maysa virou esmola, transferiu-se para a frívola categoria de *hobby*.

Não há porque vasculhar grosseiramente, hoje, seu relacionamento afetivo com o primeiro marido, mas é lícito indagar como teria sido a vida de Maysa sem os entraves da interferência familiar, justamente quando ela começava timidamente a exercitar sua incontida vocação de artista. A pintura, o teatro, a literatura, o canto, a dança – qualquer dessas expressões que engrandecem o ser humano acima de todos os parâmetros – não teriam formado uma outra Maysa, se naquele exato momento de sua vida ela fosse livre para trilhar seus próprios caminhos?

A carreira musical de Maysa durou vinte anos, com algumas interrupções voluntárias. Sua discografia inclui 26 LPs. E tudo começou naquele disco em que havia na capa um buquê de flores com o cartão "Convite para ouvir Maysa". Na contra-capa Roberto Corte Real escrevia: "A menininha que esperávamos encontrar era a senhora Maysa Monjardim Matarazzo. Começou a cantar em inglês os maiores sucessos da música popular norte americana. Ficamos admirados diante de tanto talento interpretativo. Nossa emoção cresceu ainda mais, quando dona Iná Monjardim pediu que cantasse algumas de suas composições. E chegamos em alguns momentos a duvidar que pudesse existir alguém que houvesse absorvido com tanta sinceridade os ensinamentos deixados por tantos compositores, dentre eles o grande Noel, do qual Maysa guarda um verdadeiro relicário, todas as suas mais inspiradas páginas musicais". No segundo LP, Ricardo Galeno escreveu: "A voz de Maysa é mais que uma voz, é um estado d'alma quando canta". No terceiro, também da RGE, Maysa já estava no auge da fama e Nazereno de Britto comentava: "O estrondoso sucesso do samba-canção *Ouça* foi a consagração que definiu Maysa como valor inconteste, desmentindo aqueles que a julgaram uma sensação passageira".

Seguiram-se mais 23 discos, *shows*, o divórcio, outros casamentos, excursões para muito países. Na Flórida Park, em Madrid, então a mais chique e famosa casa de espetáculos da cidade, um retumbante sucesso. A imprensa local foi ao delírio: "Fabulosa, extraordinária. Poucas cantoras estrangeiras têm obtido em Madrid o rotundo êxito que Maysa acaba de conseguir". Nos Estados Unidos, Maysa também arrasou no Blue Angel e no Spolleto Ball; em Portugal no Cassino Estoril;

na França no Olympia de Paris; na Itália no Gala San Remo; em quase todas as capitais da América Latina e, em Tóquio, na rede NHK de televisão.

No começo da década de sessenta os seus discos, no Brasil e no exterior, passaram a incluir músicas de Tom Jobim e outros compositores de bossa nova. Maysa captara, de imediato, os primeiros acordes desta revolução musical. Ronaldo Bôscoli escreveu: "Foi Maysa quem lançou às águas um *Barquinho* que construí com Roberto Menescal. Dali, ele partiu mar adentro. Do porto Maysa ele navega até hoje". Maysa, numa entrevista em 1969, lamentou que não mencionassem o seu nome entre os pioneiros do movimento: "Logo eu, que fui quem primeiro levou a bossa nova para o exterior".

Maysa, todos sabem, foi uma mulher gorda em longa fase de sua vida. Em 1969, voltou ao Brasil ainda mais bonita, com 34 quilos a menos, graças a uma rigorosa dieta. E voltou dizendo: "Preciso de repertório novo, porque o meu é absolutamente antigo, aquilo que se pede em *shows*". Logo distinguiu o que havia de novo e de bom: "Gosto muito do Chico Buarque, pretendo gravar coisas dele. Caetano Veloso é genial. Quente, fervendo, é Milton Nascimento. Tem outro compositor muito bom, muito sério, o Egberto Gismonti".

Enfim, para definir Maysa – cantora e ser humano – vamos reproduzir frases dela publicadas na imprensa. Maysa por ela mesma – eis, em síntese, o que você vai conhecer agora.

"Deixei de compor. Não faço mais concessões nem a mim." "De 58 a 63 minha vida foi um pique só. Não sabia tomar um pileque de cada vez." "Ainda prefiro Judy Garland a Barbra Streisand." "Tenho uma profunda necessidade de dizer que amo as pessoas, mas só tenho coragem de fazer isso com a ajuda da bebida." "Perco os meus amigos porque fujo deles com medo de perdê-los." "Dizem que o fumo faz perder a memória. Por isso fumo demais, tentando esquecer certas coisas." "Quando emagreci, não perdi quilos, perdi litros." "Nunca comecei nada, começaram por mim." "Precisava botar pra fora toda a angústia que sentia naquela gaiola de ouro em que estava metida." "No fundo sei que sou uma mulher *gostável*." "O homem ideal? De preferência calado." "Boa, a abertura que vejo nos jovens de hoje." "Vou ser avó exatamente quando desejo ser mãe." "A sensibilidade da fera que não é bela." "Me acho uma pessoa essencialmente boa de coração, bastante insegura, mas já a caminho do encontro." "Sempre ligo televisão, para ver se melhorou um pouco." "Adoraria poder ter sido Milena, a amiga de Kafka." "Hoje em dia a gente não tem muito porque ser alegre. Felicidade a toda hora é privilégio dos burros." "Tenho muitos conhecidos, poucos amigos." "Conselho é uma coisa perigosa: nunca dei, nunca pedi, nem aceitei." "As mudanças por que passo não são tanto minhas, mas muito mais de quem me vê." "Sofri demais, além de minhas forças, além de mim." "Gosto de boleros e não tenho vergonha de confessar." "Aprendi a ver as horas: quero ver os amanheceres, sem pressa, sem susto, sem nada."

Título	Crônicas da Vida Boêmia
Capa	Moema Cavalcante
Projeto Gráfico e Editoração Eletrônica	Ricardo Campos Assis
Editoração de Texto	Ateliê Editorial
Formato	13 x 21 cm
Tipologia	Adobe Garamond 12/16
Papel	Cartão Supremo 250 g/m² (capa)
	Pólen 85 g/m² (miolo)
Número de Páginas	244
Tiragem	1 000
Impressão e Acabamento	Lis Gráfica e Editora Ltda